Christian Bischoff

Das Lebens-Lernbuch
11 Dinge, die auf keinem Lehrplan stehen

«Absolut faszinierend und empfehlenswert – nur positives Feedback! Von null auf hundert holt er die Schüler sofort und direkt ab bei ihren Ängsten, Träumen und Hoffnungen und gibt wertvolle, direkt umsetzbare Impulse für mehr Eigenverantwortung, zielorientiertes Denken und Motivation.»

Rainer Lipczinsky, Oberstudiendirektor und Schulleiter, Fachoberschule Friedberg, Bayern

«Standing Ovation von 650 Oberstufenschülern – das gab es noch nie!»

Dr. Klaus Wegmann, Studiendirektor, Hans-Leinberger-Gymnasium, Landshut

«Christian Bischoff ist ein Phänomen. Ein einzigartiger Glücksgriff für unsere Schulgemeinschaft. So viel Anschub hatten wir noch nie!»

Thomas Bungarten, Studiendirektor, Gymnasium am Stoppenberg, Essen

«Christian Bischoff kann in beeindruckender Weise mit Jugendlichen arbeiten. Die Veranstaltung war ein echtes Erlebnis.»

Elke Großkreutz, Schulleiterin, Gebhard-Schule, Konstanz

«Hi Christian! Dein Vortrag hat echt was gebracht. Viele Schüler sind immer noch viel motivierter als sonst, und das jetzt, 3 Wochen nach dem Vortrag!»

Joseph, Schülersprecher am Johann-Michael-Sailer Gymnasium, Dillingen

Wie alles begann … 6

Unterstufe 8

Selbstdisziplin … 13
Gib dein Bestes … 18
Konzentration … 29
Positiver Umgang … 35
Ziele … 41

Mittelstufe 48

Selbstdisziplin … 55
Selbstvertrauen … 68
Konzentration … 74
Respekt … 78
Positiver Umgang … 98
Glück … 114

Oberstufe 122

Selbstdisziplin … 130
Selbstvertrauen … 147
Ziele … 152
Glück … 170

Nach der Schule 178

Audauer und Wille … 181
Keine Angst vor Neuem … 184
Setz dir Prioritäten! … 187

Brief an die Eltern … 190
Impressum … 194

Inhaltsverzeichnis

Wie alles begann ...

Ich war Profi-Basketballtrainer in Bamberg, als eines Tages ein Spielervater, Schulleiter an einer Realschule, auf mich zukam: «Christian, mein Sohn berichtet mir immer, was du den Spielern in der Umkleide erklärst. Das klingt so gut. Komm doch mal an meine Schule und erzähle das meinen Schülern. Die brauchen diese Lebensmotivation!»

Damit ging es los: Motivation an Schulen? Ich konnte mir darunter nichts vorstellen. Der Vater meinte zu mir: «Schülermotivation ist die Grundlage für ein erfolgreiches Arbeiten an Schulen. Ich brauche Motivation an Schulen, Motivation für Schulen, ja Motivation für Schüler, Lehrer und Eltern. Ich glaube du kannst das.» Ich wusste nicht, ob ich es kann, doch ich startete einen Versuch. So stand ich in der nächsten Woche vor 150 angeblich «schwierigen und pubertierenden» Jugendlichen.

Wir arbeiteten 90 Minuten voller Spaß und Freude. Mir wurde klar: Es müsste ein Konzept für Schulen geben, wie Schüler lernen, Eigenmotivation, Eigeninitiative und Eigenverantwortung zu entwickeln. Dies war der Startschuss für die «Mach-den-positiven-Unterschied»-Schultour.

Mein Ziel: Nachhaltige Motivation für Jugendliche – ihnen aufzeigen, dass sie selbst für ihr Leben verantwortlich sind. Bis heute durfte ich mit über 250.000 Jugendlichen arbeiten. Dafür bin ich dankbar!

Christian Bischoff
Bestseller-Autor und Deutschlands erfolgreichster Schulredner

Guten Morgen... Oh, jetzt haben nur ein paar von euch Guten Morgen gesagt. Lasst es uns gleich noch einmal probieren: Guten Morgen!

«Guten Morgen!»
«Guten Morgen!»

Ich bin der Christian. Wir duzen uns. Du brauchst nicht «Sie» zu mir zu sagen. Auch am Ende, wenn du noch Fragen hast, einfach zu mir kommen und «Du» sagen.

Wenn ich euch etwas frage, dann müsst ihr euch nicht melden, sondern ruft die Antwort einfach ganz laut rein. Wir wollen hier jede Menge Spaß haben. Damit das klappt, haben wir eine einzige Regel: Wenn ihr zu laut werdet, dann höre ich auf zu sprechen... und fange erst wieder an, wenn ihr alle wieder ruhig seid. Ok?

Einige von euch schauen mich jetzt mit großen Augen an und denken sich: Christian, warum hast du so ein rotes Stirnband auf dem Kopf?

«Rotes Stirnband?»

Mach dir mal keinen Kopf darüber, ich erkläre dir das später. Das Stirnband hat eine ganz wichtige Bedeutung. Auch für dich!

Die «Mach-den-positiven-Unterschied»-Pyramide

Wir sprechen heute mal über das eigene Leben, und zwar über die wichtigsten Lebenseinstellungen und Charakter-Eigenschaften, die du brauchst, um im Leben etwas erreichen zu können. Wir machen das ganz einfach bildlich mit einer Pyramide.

Die «Mach-den-positiven-Unterschied»-Pyramide. Das ist eine Pyramide, die auf einem ganz stabilen Boden steht und darauf kommen dann insgesamt zehn Bausteine.

Das Wichtigste ist aber zuerst der ganz stabile Boden. Warum? Sei jetzt einmal ganz ehrlich.

«Wer von euch sagt: Christian, wenn ich mal groß und erwachsen bin, dann hätte ich gerne mein eigenes Traumhaus?»

Stell dir vor: eines Tages nimmst du all deine Zeit, all deine Kraft, all deine Energie und all dein Geld, und du baust dieses Traumhaus.

Dann ist das Haus eines Tages fertig. Du stehst vor deinem Haus und du freust dich wie ein Schnitzelkönig, weil das Haus genau so aussieht, wie du es immer haben wolltest.
Leider hast du einen Fehler gemacht: Du hast das Haus direkt auf dem Sand am Meer gebaut. Was passiert beim ersten Unwetter?
Das Wasser kommt, geht in den Sand rein, unterspült dein Haus und dein Haus ist weg.

«Selbstdisziplin»

... dein Fundament

Erwachsene sagen zu diesem Boden: Fundament. Wir sagen jetzt mal: fester Boden. Genauso wie du diesen festen Boden für dein Haus brauchst, damit es stabil stehen bleibt – genauso brauchst du einen festen Boden für dein Leben. Und dieser feste Boden im Leben ist immer die Disziplin: die Selbstdisziplin.

Selbstdisziplin bedeutet ganz einfach: Jeden Tag etwas zu tun, damit du dein Ziel erreichst.
Was bedeutet das genau?

Vor ein paar Jahren, es war Viertel nach eins. Ich war damals Basketballtrainer und ging die Treppe von meinem Haus runter, um ins Auto zu steigen und ins Training zu fahren. In dem Moment, als ich ins Auto steigen will, kommt sie um die Ecke gebogen...

Ein Mädchen... ich schätze mal, die war in der fünften Klasse. Dieses Mädchen hatte einen Schulranzen auf. Das Mädchen kommt um die Häuserecke gebogen, am Bürgersteig entlang, in meine Richtung. Und sie hat so eine Körpersprache:

«Worauf sitze ich?»

Warum hat das Mädchen so eine Körpersprache? Wer weiß es? Worauf sitzt sie? Richtig: Das Mädchen sitzt auf einem Einrad! Ich guck mir das fasziniert an, denn ich bin noch nie auf einem Einrad gesessen, und ruf dem Mädchen zu: «Gut machst du das.»

Das Mädchen schaut die ganze Zeit konzentriert auf den Boden und ruft zurück: «Danke! Macht auch voll viel Spaß.»

«Wie lange machst du das denn schon?», will ich wissen.

In diesem Moment macht das Mädchen einen Fehler. Sie schaut weg vom Boden, hebt den Kopf zu mir, wahrscheinlich, um höflich zu sein. Und in diesem Moment passierts: Das Mädchen verliert das Gleichgewicht, kann gerade noch so vom Einrad runterspringen, und das Rad... kracht auf den Boden.

Und was macht das Mädchen? Hebt das Einrad auf... steigt ganz locker wieder auf... rechts.... links... und fährt einfach weiter...

Ich frage sie noch mal: «Wie lange machst du das denn schon?» Jetzt schaut das Mädchen weiter auf den Boden, während sie mir zuruft: «Seit zwei Monaten. Jeden Tag 15 Minuten. Wenn ich in der Früh von zu Hause in die Schule fahre und wenn ich nach der Schule wieder nach Hause fahre.»

«Viel Spaß noch», rufe ich ihr zu.

«Danke», sagt sie und schwupps... war sie um die nächste Häuserecke verschwunden.

Ich habe dieses Mädchen nie wieder gesehen, aber ich habe das Gefühl, dass aus ihr eine richtig gute Einradfahrerin geworden ist. Warum? Weil das Mädchen jeden Tag mit Disziplin 15 Minuten an einer Sache gearbeitet hat, in der sie richtig gut werden möchte.

Selbstdisziplin bedeutet nichts anderes als: jeden Tag 15 Minuten eine Sache zu üben, in der du mal richtig gut werden möchtest.

Wer von euch macht Sport?
Egal welche Sportart du machst, wenn du jeden Tag für dich 15 Minuten übst, auch wenn kein Training ist, dann wirst du in 10 Jahren richtig gut sein.

Wer von euch spielt ein Instrument?
Hier gilt das Gleiche: Übe dein Instrument jeden Tag 15 Minuten und du gehörst in 10 Jahren zu den besten 5%. Unser Musiklehrer hat immer zu uns gesagt: Wenn du einen Tag in der Woche dein Instrument nicht übst, dann merkst du es selbst. Wenn du zweimal in der Woche nicht übst, dann merkt es dein Publikum.

> «... jeden Tag 15 Minuten eine Sache üben, in der du richtig gut werden möchtest!»

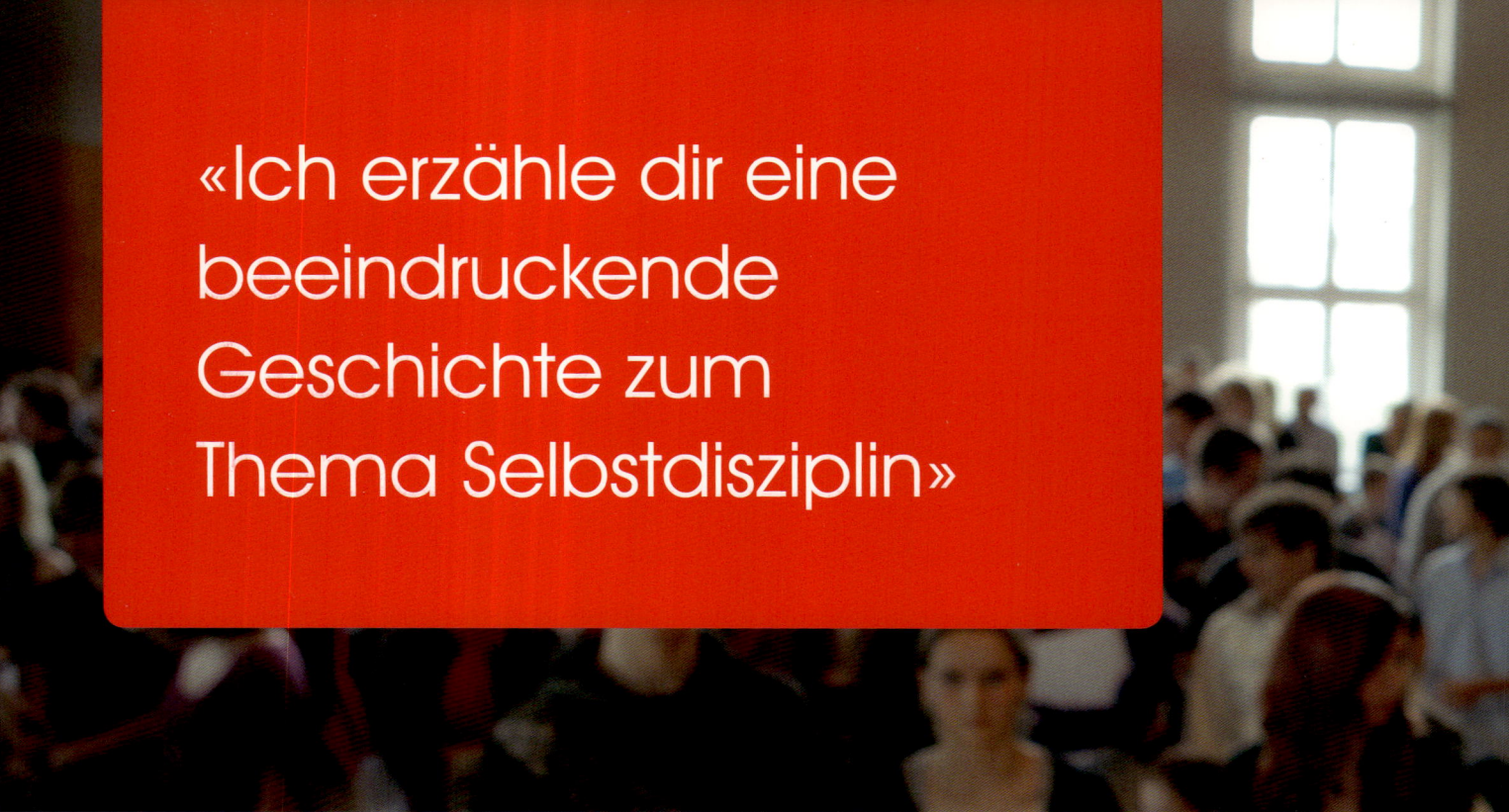

«Ich erzähle dir eine beeindruckende Geschichte zum Thema Selbstdisziplin»

Ich erzähle dir eine beeindruckende Geschichte zum Thema Selbstdisziplin: Du lernst jetzt einen Jungen kennen. Dieser Junge heißt Aidan. Aidan ist elf Jahre alt, kommt aus England und hat ein Riesenhobby: Tanzen. Problem: Aidans Eltern sind so arm, die haben ihm noch nie eine Tanzstunde oder einen Tanzlehrer bezahlen können, weil sie das Geld nicht haben.
Doch der Aidan liebt tanzen so sehr, dass er jeden Tag, wenn er aus der Schule kommt, als Erstes in sein Kinderzimmer geht, sich einsperrt und sich mit absoluter Disziplin das Tanzen selber beibringt. Immer wenn er was Neues gelernt hat, geht er ins Wohnzimmer und zeigt das seiner Mom. Eines Tages hat sich seine Mutter seine neuen Tanztricks angeschaut und gesagt: «Aidan, du bist zwar erst elf Jahre alt. Das sieht aber schon so gut aus. Mach doch mal bei ‹England sucht den Superstar› mit.»
Du kennst «Deutschland sucht den Superstar?» Das ist die Kopie. Das Original der Sendung kommt aus England. Aidan hat vor kurzem bei «England sucht den Superstar» mitgemacht.

Behalte bitte im Kopf, der Junge ist elf Jahre alt, hatte noch nie eine Tanzstunde, noch nie einen Tanzlehrer,

aber er hat seit Jahren die Selbstdisziplin, jeden Tag an dem zu arbeiten, worin er richtig gut werden möchte: Tanzen. Aidan war sehr, sehr gut bei «England sucht den Superstar». Am Ende des Wettbewerbes ist er unter die zehn Besten gekommen, war der heimliche Star der Sendung und ist weltweit bekannt geworden.

Warum erzähle ich euch diese Geschichte?
Überlegen wir einmal gemeinsam: Gibt es auf der Welt hunderte von Jugendlichen, die das gleiche Tanztalent hätten wie Aidan?
Ja, die gibt es!

Was ist der Unterschied zwischen all den Jugendlichen, die das Talent haben, und ihm?

Der Unterschied ist, dass Aidan seit Jahren die Selbstdisziplin besitzt, um aus Talent Können zu machen. Selbstdisziplin bedeutet nichts anderes, als jeden Tag etwas dafür zu tun, dass du auch richtig gut wirst, das kommt nämlich nicht von alleine.

Das Video von Aidan und seinen Tanzkünsten kannst du dir hier anschauen:
www.youtube.com > Aidan Davis

Jetzt haben die allermeisten von euch schon am Anfang gesagt: Christian, ich weiß wie wichtig Selbstdisziplin ist. Fangen wir, an die Pyramide aufzubauen. Hier ist der erste Baustein: «Gib dein Bestes!»

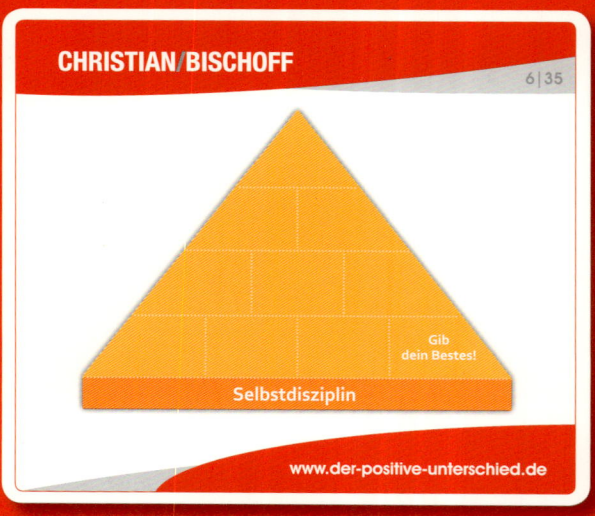

Sobald du ein Ziel hast, ist nur noch wichtig, dass du dein Bestes gibst. Im Leben geht es nicht darum, keine Fehler zu machen. Im Leben geht es nur darum, sein Bestes zu geben. Das ist ein großes Problem in unserem deutschen Schulsystem, eure Lehrer können nichts dafür, sondern es ist das System an sich. Was lernst du in der Schule spätestens ab der fünften Klasse? Du lernst: Wenn ich in einer Prüfung keine Fehler mache, dann bin ich sehr gut. Wenn ich ganz viele Fehler mache, dann bin ich schlecht.

«Der Mensch lernt nur aus Fehlern!»

Nehmen wir ein Beispiel: Maria und Peter sind beide in der fünften Klasse. Beide haben einen Vokabeltest geschrieben – 40 Wörter. Maria hat alle 40 Wörter richtig. Was passiert, wenn der Lehrer ihr die Prüfung zurückgibt? Sie freut sich, wird angelächelt und sagt zu sich selbst: Ich bin super. Nehmen wir an, Peter hat 38 Wörter falsch. Was passiert, wenn er seine Prüfung zurückbekommt? Er schaut auf sein Blatt und denkt sich: «Ich bin schlecht. Ich bin nicht gut.»

Ich habe einen anderen Vorschlag für dich. Wenn du das nächste Mal in einer Prüfung eine Fünf oder Sechs schreibst, spring auf und feier! Weil du ganz viele Fehler gemacht hast aus denen du lernen kannst. Der Mensch lernt nur aus Fehlern.

«Im Leben geht es nicht darum, keine Fehler zu machen. Im Leben geht es nur darum, sein Bestes zu geben!»

Ich beweise dir das: Denk mal zurück, als du noch ein Baby warst. Du konntest noch nicht laufen und du bist den ganzen Tag durch die Wohnung gekrabbelt. Du bist gekrabbelt, gekrabbelt, gekrabbelt... Und eines Tages hat eine innere Stimme was zu dir gesagt? «Steh auf. Steh auf!»
Was haben sich die meisten von euch gedacht?
Nee keine Lust, ich leg mich noch ne Runde hin...!
Aber eines Tages haben sich alle von euch gedacht: Aufstehen, das könnt ich mal ausprobieren. Dann hast du dir einen Gegenstand gesucht, vielleicht waren das auch damals die Hände deiner Eltern, hast dich an diesem Gegenstand hochgezogen und dann bist du eines Tages an dem Gegenstand auf deinen wackeligen Beinen gestanden... Und dann hat deine innere Stimme was zu dir gesagt? «Lass los! Lauf!»

> «Mach Fehler, mach keinen Fehler zweimal und gib jeden Tag dein Bestes!»

«Lass los! Lauf!»

Du hast dir wieder gedacht: Könnte ich mal ausprobieren, und hast losgelassen. Was ist passiert? Plumps, plumps, plumps...

Du bist im Schnitt 274 Mal hingefallen und musstest 275 Mal wieder aufstehen, bevor du gehen konntest!

Wer von euch hatte damals Eltern, die dich nach deinem dritten Gehversuch todernst angeschaut haben und gesagt haben: «Versuch bloß nie wieder zu gehen, du kannst das eh nicht!»
Keiner von euch hatte solche Eltern, richtig? Ihr habt das Gehen probiert, bis ihr es konntet. Das heißt, ihr habt im Durchschnitt 274 Fehler gemacht und es 275 Mal von Neuem probiert, bis ihr gehen konntet. Ihr hattet keine Angst vor Fehlern, sondern habt einfach euer Bestes gegeben, so lange bis ihr es konntet.

So funktioniert dein ganzes Leben: Fehler sind gut, denn nur aus Fehlern lernst du. Mach Fehler, mach keinen Fehler zweimal und gib jeden Tag dein Bestes!

«Seid ihr wirklich bereit, euer Bestes zu geben?»

Wer von euch hat dieses Prinzip verstanden und ist bereit, sein Bestes zu geben? Oh nein, das glaube ich euch noch nicht. Wer wirklich bereit ist, sein Bestes zu geben, steht mal bitte auf... Wer wirklich, wirklich bereit ist, sein Bestes zu geben, legt mal bitte alles hin und meldet sich...

Ok, alle die sich gemeldet haben:
Auf das Startsignal LOS gehst du irgendwo in dem Raum hin, wo du dich bequem flach auf den Boden legen kannst. 1, 2, 3... los!
Danke. Wir haben gerade darüber gesprochen, sein Bestes zu geben. Ihr glaubt doch nicht im Ernst, dass ich euch jetzt zum Schlafen auf den Boden legen lasse, oder?
Wer von euch weiß, was Liegestütze sind?

Hier ist die Aufgabe: Auf LOS gibt jeder von euch einmal sein Bestes, und du machst so viele Liegestütze, wie du irgendwie schaffst. Wenn du keinen mehr schaffst, lässt du dich einfach hinfallen und gehst zurück auf deinen Platz.
1, 2, 3... los!

Danke. So, was machen wir jetzt? Ich weiß, was ihr denkt: Ihr erwartet, dass ich euch frage, wer von euch hat wie viel geschafft, und wir schauen, wer der Beste von allen ist, richtig?

Genau das machen wir nicht, denn es ist nicht wichtig, wer der Beste ist! Wichtig ist, ob DU dein Bestes gegeben hast! Wenn du dein Bestes gegeben hast, dann ist es egal, ob du 3, 8, 15 oder 40 Liegestütze geschafft hast.

Ich habe beim Julian hier mitgezählt. Julian ist in der fünften Klasse. Kleinen Applaus für den Julian bitte! Julian hat 15 Liegestütze geschafft. Ich habe ihn genau beobachtet und kann sagen: Ja, 15 ist das Beste, was der Julian schafft. Jetzt habe ich eine gute Frage an euch: Wenn der Julian gerade sein Bestes gegeben hat, ist das alles, was der Julian schaffen kann?

Die Antwort ist... NEIN!

«... zehn, elf, zwölf, dreizehn, vierzehn, fünfzehn!»

Stell dir Folgendes vor: Heute in einem Jahr machen wir diese Veranstaltung wieder.
Ihr sitzt über euren Blöcken, schreibt konzentriert etwas auf. Genau in dem Moment wird die Tür aufgerissen... Und «Julian der Bär» steht im Türrahmen.

Julian kommt ganz selbstbewusst nach vorne, geht zu mir auf die Bühne, schaut mich an und sagt: «Christian, schau, was ich kann!» Lässt sich auf den Boden fallen und fängt an, Liegestütze zu machen: eins, zwei, drei... acht, neun, zehn, elf, zwölf, dreizehn, vierzehn, fünfzehn... Julian schafft problemlos 15 Liegestütze. Du denkst dir: Moment mal, 15 ist doch alles, was der Julian schafft. Doch Julian sieht gut aus: sechzehn, siebzehn, achtzehn... einundzwanzig, zweiundzwanzig, dreiundzwanzig... sechsundzwanzig, siebenundzwanzig, achtundzwanzig, neunundzwanzig, dreißig. Bum... Julian schafft dreißig Liegestütze! Ihr seid fair und gebt ihm einen großen Applaus...
Anschließend schauen wir den Julian verwundert an und sagen: WOW, Julian! Wie hast du das geschafft?

Julian, wenn du in einem Jahr doppelt so viele Liegstütze schaffen willst wie heute, nämlich dreißig, dann ist das ganz einfach. Alles was du tun musst, ist einmal am Tag, am besten direkt in der Früh nach dem Aufstehen, auf den Boden fallen und einmal so viele Liegestütze wie möglich machen. Wie viele wird der Julian wohl morgen schaffen? 15! Übermorgen? 15! In drei Tagen? 15! In drei Wochen…? 16!

Wie kommt der Julian von 15 auf 16? Er wird besser! Wer von euch kann besser werden? Jeder!

In drei Wochen schafft der Julian 16 Liegestütze, in drei Monaten 20, in einem halben Jahr 24, in 9 Monaten 27… Julian, wenn du jeden Tag einmal dein Bestes gibst, dann schaffst du in einem Jahr weit mehr als 30 Liegestütze. Warum? Weil dein Bestes wie eine Treppe immer besser wird. Natürlich wirst du Tage haben, an denen es dir nicht so gut geht. Aber insgesamt wirst du viel besser.

«Sein Bestes zu geben – darauf kommt es im Leben an!»

Ich möchte dazu erzählen, was vor zwei Jahren in unserem Basketball-Sommercamp in Bamberg passiert ist. Ich leite jedes Jahr in der ersten Woche der Sommerferien das größte Basketball-Camp für Jugendliche aus ganz Deutschland zwischen 8 und 18 Jahren. Letztes Jahr wollten wir Trainer, dass alle Spieler verstehen, wie wichtig es im Leben ist, sein Bestes zu geben. An einem Abend haben wir alle Spieler in der Halle versammelt und sie gebeten, einmal so viele Liegestütze zu machen wie möglich. Auf der Bühne war Peter. Peter hat 20 Stück geschafft.

Am Ende habe ich Peter vor allen Campern erklärt: Wenn er ab heute jeden Tag einmal sein Bestes gibt und Liegestütze trainiert, dass er in einem Jahr, wenn er wieder ins Camp kommt, mindestens 40 schaffen wird.

Jetzt, pass auf, was letztes Jahr passiert ist:
Das Camp hatte gerade angefangen. Ich habe mit ein paar Spielern auf den Korb geworfen, als mir plötzlich jemand an die linke Schulter tippt. Ein Junge schaut mir in die Augen: «Coach, kennst du mich noch?» Ich schaue den Jungen an und sage: «Nein.»

Ja, ich sehe so viele Jugendliche das ganze Jahr, ich kann mir nicht alle merken.

Schaut der Junge mich an und sagt ganz stolz: «Coach, ich bin der Peter... der Liegestütz-Peter! Weißt du noch, was du vor einem Jahr zu mir gesagt hast?» Auf einmal macht es klick! bei mir: «Ja, ich habe zu dir gesagt, wenn du jeden Tag dein Bestes gibst, schaffst du mindestens 40 Liegestütze!» Voller Selbstvertrauen schaut Peter mich an: «Coach, darf ich heute Abend auf die Bühne und es vormachen?»

Kein Problem! Am Abend versammeln wir alle Camper in der Halle und erklären ihnen, worum es geht: Peter hat vor einem Jahr 20 Liegestütze geschafft. Das Experiment war, ob er ein Jahr später 40 schafft, wenn er täglich einmal sein Bestes gibt.

Peter legt los: eins, zwei, drei…acht, neun, zehn! Dreizehn, vierzehn, fünfzehn… achtzehn, neunzehn, zwanzig. Peter kommt problemlos zu 20! Einundzwanzig, zweiundzwanzig, dreiundzwanzig… achtundzwanzig, neunundzwanzig, dreißig… achtunddreißig, neununddreißig, vierzig. Peter ist problemlos bei 40 Liegestütze, und er sieht immer noch gut aus.

Achtundvierzig, neunundvierzig, fünfzig… fünfundfünfzig, sechsundfünfzig, siebenundfünfzig, achtundfünfzig, neunundfünfzig, sechzig… einundsechhhhzig… zweiiiiundsechhhhzig… dreiiiiundsechhhhhhhhzig… Bum! Peter schafft 63 Liegestütze. Anschließend feiern ihn die Camper.

Ich habe dir ein paar Bilder mitgebracht, damit du dir das Ganze besser vorstellen kannst. Hier siehst du rechts von mir den Peter, direkt nach seiner Glanzleistung.

Und hier einige Camper, die ihn anschließend minutenlang auf Händen durch die Halle getragen haben. Kinder sind total fair und freuen sich noch ehrlich mit jemandem, wenn er etwas Großes geschafft hat. Als das Feiern vorbei war, hole ich den Peter auf die Bühne und stelle ihm die entscheidende Frage:

«Peter, sei ehrlich: Hast du jeden Tag Liegestütze gemacht?» Peter schaut mich mit all seiner Ehrlichkeit in seinen Augen an und sagt: «Ja, Coach! Bis auf fünf Tage... An diesen fünf Tagen war ich krank.»

Am Ende des Camps kommt Peter zu mir, bedankt sich, verabschiedet sich und sagt: «Coach, nächstes Jahr schaffe ich über 100 Liegestütze.»

«Coach, nächstes Jahr schaffe ich 100 Liegestütze!»

Glaubst du, dass ich irgendeinen Zweifel daran habe, dass der Peter das schaffen wird? Nein, denn er hat verstanden, wie wichtig es im Leben ist, sein Bestes zu geben!

So, den nächsten Baustein trainieren wir mit einem Spiel. Bitte steht mal alle auf und suche dir unter deinen Sitznachbarn einen Gegner, den du schon immer mal so richtig schlagen wolltest. Zu zweit zusammen... LOS!

Stopp! Das war nicht wörtlich gemeint! Sondern wir machen einen kleinen Wettbewerb. Bitte lege deine Hände zusammen. Berühre mit deinen Mittelfingern die Mittelfinger deines Gegners. Immer wenn die Mittelfinger sich berühren, geht es los. Wir machen dieses Abklatschspiel: Der eine versucht, die Hand seines Gegners zu treffen. Stopp, noch nicht anfangen! Wenn du triffst, bist du noch mal dran. Wenn du daneben schlägst, weil dein Gegner schnell genug weggezogen hat, dann ist dein Gegner dran. Ihr dürft spielen, solange ihr die Musik hört. Jetzt kommt die Herausforderung: Der Hübschere von euch beiden darf anfangen...

Was haben wir hier gerade geübt?

«Konzentration»

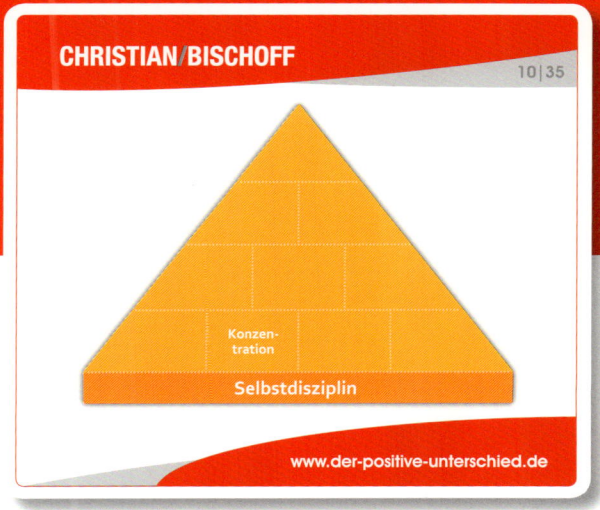

Genau: Konzentration! Das ist der nächste Baustein der Pyramide. Stopp, schreibt das bitte nicht auf. Stattdessen schaut mich bitte alle einmal direkt an.

Ich gebe zu, ich kann euch von hier vorne nicht alle gleichzeitig anschauen, aber du kannst zu mir schauen. Wenn du es schaffst, für den Rest der Veranstaltung die ganze Zeit zu mir zu schauen, passiert eine wunderbare Sache für dich: du konzentrierst dich besser, du bekommst mehr mit. Es ist nicht mehr so leicht für deinen Nachbarn, dich abzulenken. Du behältst dir mehr. Du lernst schneller. Damit kommst du schneller voran. Erfolgreiche Menschen verstehen, dass sie ihre Konzentration steigern können, indem sie anderen Menschen direkt in die Augen schauen. Blickkontakt halten – das ist das eine, wie du deine Konzentration trainierst. Das andere ist, wie du in deinem Stuhl sitzt.

Kommt, zeig mir mal, wie du normalerweise während des Unterrichts auf deinem Stuhl sitzt... Genau: Hüfte ganz nach vorne geschoben, Beine ausgestreckt, Arme verschränkt, Augen Richtung Decke, gelangweilter Blick, du liegst mehr in deinem Stuhl, als dass du sitzt. Frage: Ist das eine konzentrierte Sitzposition? Nein, das ist die **Pausen- und Ausruhposition!**

Wie sieht eine Sitzposition aus, in der ich mich gut konzentrieren kann? Kommt, wir machen es alle mal zusammen:

- Hüfte hinten an die Stuhlkante schieben
- Beine parallel nebeneinander auf dem Boden
- Oberkörper aufrecht
- Kopf gerade
- Blickkontakt mit mir
- ... und jetzt noch ein bisschen lächeln

Das ist eine **konzentrierte Sitzposition.** Jetzt bist du aufmerksam, jetzt bekommst du mehr mit.

So, geht noch mal in die Ausruhposition! Wir machen einen Test: Immer, wenn ich LOS sage, wechselt ihr so schnell wie möglich von der **Ausruhposition** in die **Konzentrationsposition**. Ok? Aufpassen: 1,2,3... GO!

Ohhhhh... Wie heißt das Startsignal? Los! Woran arbeiten wir hier? Konzentration! Wir probieren es noch einmal: Alle in die Ausruhposition...
1,2,3... Los!
Wieder in die **Konzentrationsposition**... 1,2,3 LOS!
Wieder in die **Ausruhposition**... 1,2,3 LOS!
Wieder in die **Konzentrationsposition**... 1,2,3 LOS!
Du siehst, wie schnell du deinen Fokus von Ausruhen auf Konzentration verändern kannst, nur indem du deine Sitzposition veränderst.

Jetzt bleibt in dieser Konzentrationsposition, denn jetzt suchen wir mal den Konzentrationsmeister in diesem Raum. Das ist ein kleines Spiel, bei dem alle mitspielen dürfen, gerne auch alle Lehrer. Damit du mitspielen kannst, lege bitte alles aus deinen Händen.

30   Unterstufe

«Jetzt suchen wir den Konzentrationsmeister in diesem Raum!»

Du weißt, ich bin der Christian. Das Spiel ist ganz einfach. **Das Spiel heißt: Christian sagt.**
Es gibt nur eine Regel in diesem Spiel, und die lautet: Du darfst nur machen, was der Christian sagt.

Kurze Erklärung der Regel. Wenn du jetzt gleich hörst: Christian sagt: Mach das! Dann machst du das bitte mit, weil Christian das gesagt hat. Wenn du jetzt gleich nur hörst: Mach das! Dann machst du das bitte NICHT, weil Christian das nicht gesagt hat. Hast du die Regel verstanden?

Ok, alle bereit zu spielen? Hey Leute, da wo ich wohne, in dem Altersheim daneben ist eine zehnmal bessere Stimmung als bei euch hier!

Alle bereit zu spielen?
Ok, dann bitte alle aufstehen.

Unterstufe

«Christian sagt: Mach das!»

«Mach das!»
«Mach das!»
«Mach das!»

32 Unterstufe

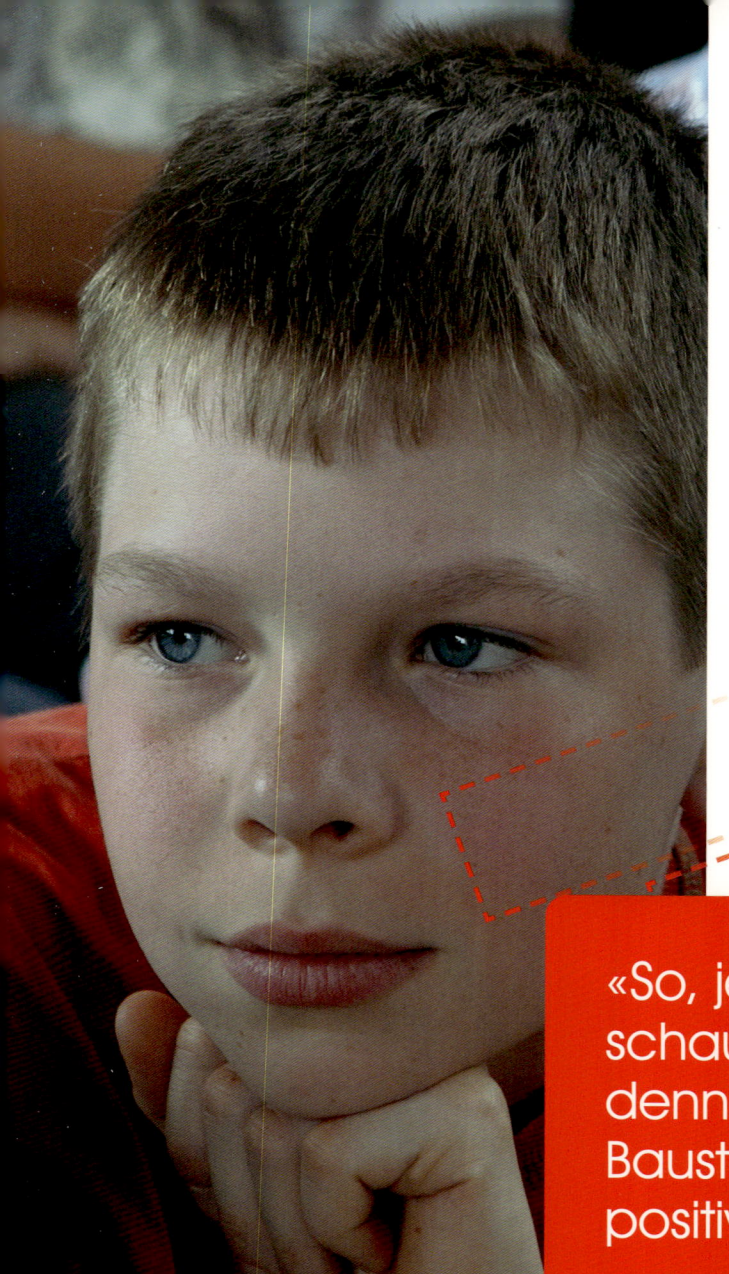

Ok, jetzt gehen wir alle noch mal in die Ausruhposition. Auf LOS wechselt ihr bitte so schnell wie möglich in eurem Stuhl in die Konzentrationsposition. Wir üben das noch einmal, damit du es dir für immer merkst, wie schnell du deinen Körper auf Konzentration trainieren kannst, indem du die richtige Körperhaltung einnimmst. 1,2,3... GO!
Oh, oh... durchgefallen. Wie heißt das Startsignal?
Ok, wir üben noch einmal.
Alle wieder in die Ausruhposition... 1,2,3... LOS!
Wieder in die Konzentrationsposition... LOS!
Wieder in die Ausruhposition... LOS!
Und nochmal in die Konzentrationsposition.

So, jetzt halte mal diese Position, schau mir direkt in die Augen, denn jetzt kommt der wichtigste Baustein der Pyramide: positiver Umgang miteinander.

«So, jetzt halte mal diese Position, schau mir direkt in die Augen, denn jetzt kommt der wichtigste Baustein der Pyramide: positiver Umgang miteinander!»

«Positiver Umgang»

Stell dir bitte Folgendes vor:
Dieses Schuljahr schreibst du in einer Prüfung eine 1 mit Sternchen. Du hast keinen einzigen Fehler. Ich habe eine Frage an dich: Wer von euch hätte für diese tolle Leistung gerne ein Lob von seinem Lehrer und/oder von seinen Eltern?
Heb deinen Arm bitte mal so hoch wie möglich. Schau dich in diesem Raum um. Du siehst, es sind wieder alle Hände oben. Danke für eure Ehrlichkeit.

Warum ist das so?
Alle Menschen auf dieser Welt wollen nicht nur respektiert werden, sondern jeder Mensch auf dieser Welt braucht auch Lob und Anerkennung. Du kannst im Leben nur richtig gut werden, du kannst nur große Dinge erreichen, wenn du Menschen um dich hast, die dich positiv bestärken. Die dir helfen, dich unterstützen, für dich da sind. Du wirst im Leben immer schlechter, hast immer weniger Selbstvertrauen, wenn du Leute um dich hast, die immer nur das Schlechte und das Negative sehen, immer den Fehler suchen und immer schlecht drauf sind.

Wir machen gleich das wichtigste Spiel des gesamten Vortrags, vorher wollen wir uns aber bildlich erklären, wie das Leben eines jeden Menschen funktioniert.

Unterstufe 35

Stell dir bitte Folgendes vor: Jeder Mensch besitzt bildlich gesprochen so einen unsichtbaren Eimer in seinem Leben. Du siehst ihn nicht, aber du hast ihn. Dieser Eimer heißt: dein Eimer mit Selbstvertrauen. Er sitzt in deinem Kopf.

Jetzt stell dir mal vor, du hast einen Eimer, der ist randvoll. Das bedeutet, du hast so viel Selbstvertrauen, mehr passt schon gar nicht mehr rein in den Eimer. Wenn dein Eimer ganz voll ist, dann erkennen dich deine Lehrer sofort.

Warum? Du hast diesen aufrechten Gang, den selbstbewussten Blickkontakt, du bist positiv, hilfst deinen Mitschülern, unterstützt, bist für andere da, machst andere besser und vor allem hast du eine innere Stimme in deinem Kopf, die redet den ganzen Tag überwiegend positiv mit dir. Die sagt so Sachen wie:

Das schaffst Du.
Du bist gut.
Du kriegst das hin.
Du kannst das.

Wenn du einer der wenigen bist, deren Eimer ganz voll ist, dann HERZLICHEN GLÜCKWUNSCH.

Mach dir aber bitte bewusst, dass es an deiner Schule auch viele Schüler gibt, die einen Eimer haben, der nicht ganz voll ist. Manche haben sogar einen Eimer, der komplett leer ist. Die haben praktisch überhaupt kein Selbstvertrauen. Du weißt zum Beispiel nicht, was bei einigen deiner Mitschüler zu Hause abgeht...

Je leerer der Eimer eines Menschen ist, desto mehr zweifelt er an sich, desto weniger traut er sich.

Vor allem wird eine Stimme in seinem Kopf immer lauter, die den ganzen Tag zu ihm spricht. Diese Stimme sagt so Sachen wie:

Kannst du nicht.
Schaffst du nicht.
Du bist nicht gut genug.
Das funktioniert eh nicht.

In eurem Alter sagt diese Stimme häufig noch so Blödsinn wie:

Ich bin zu groß. Ich bin zu klein.
Ich bin zu dick. Ich bin zu dünn.
Ich bin hässlich. Ich bin zu blöd.

Wer von euch kennt diese negative Stimme im eigenen Kopf? Diese Stimme haben und kennen wir doch alle. Die Frage im Leben ist nur: Welche Stimme ist in deinem Kopf lauter und stärker: die positive oder die negative?

Jeder Mensch besitzt aber auch einen unsichtbaren Schöpflöffel. Immer, wenn du mit anderen Mitmenschen sprichst, mit Mitschülern und Lehrern, kannst du diesen Löffel auf eine von zwei Arten nutzen: Du kannst die Eimer anderer Menschen füllen. Ihnen Selbstvertrauen geben. Wie machst du das? Indem du ihnen positive Emotionen gibst: ihnen helfen, sie unterstützen, einfach mal Danke sagen, jemandem in die Augen schauen und ihn ehrlich loben, anderen sagen, was dir an ihnen gefällt, warum sie deine Freunde sind oder vielleicht sogar, was du an ihnen bewunderst. Oder aber du kannst diesen Löffel missbrauchen und die Eimer von Lehrern und Mitschülern leeren!

Wie geht das? Indem du anderen negative Emotionen gibst. Du respektierst deine Lehrer nicht, du passt nicht auf, du hörst nicht zu, du meinst, du kannst schon alles und bist so cool.
Du ärgerst deine Mitschüler, machst sie fertig, verbreitest Lügen, lachst über andere, mobbst, schlägst... was auch immer. Du kennst genügend Beispiele. Und du weißt genauso wie ich, dass es in jeder Klasse zwei bis drei Schüler gibt, die den ganzen Tag lang nichts Besseres zu tun haben, als die Eimer von Lehrern und Schülern zu leeren.

Wisst ihr, warum die das machen? Weil die glauben, wenn sie andere fertig machen, dann sehen sie selbst besser und größer aus. Das ist ein riesiger Irrtum. Wenn du nämlich den ganzen Tag nur Eimer von Schülern und Lehrern leer machst, dann ist irgendwann dein eigener Eimer leer und mit dir will eigentlich keiner mehr so wirklich etwas zu tun haben. Das ist besonders gefährlich in Situationen, in denen du mal dringend Hilfe von anderen brauchst. Die brauchen wir alle an einem bestimmten Punkt in unserem Leben.

Eine der wertvollsten Fähigkeiten im Leben ist daher, die Eimer anderer Menschen immer zu füllen.
Wie machst du das am besten?
Indem du andere ehrlich lobst, ihnen sagst, was dir an ihnen gefällt, was sie gut machen, ihnen hilfst, wenn sie Hilfe brauchen. Für sie da bist. Wenn sie mal am Boden sind, ihnen Mut machst. Ermutigung ist ein riesiger Eimer-Füller.

So, jetzt schau mal bitte ganz heimlich, wer sitzt denn so rechts von dir? Und wer sitzt links von dir? Wer sitzt hinter dir? Wer sitzt vor dir?

Jetzt denkst du dir bestimmt: Stimmt, Christian, hier sitzen jede Menge Mitschülerinnen und Mitschüler, die haben mir schon oft geholfen, denen bin ich für vieles dankbar, die haben tolle Stärken, das sind meine besten Freunde... Aber wann hast du denn das letzte Mal diesen Leuten in die Augen geschaut und ihnen das ganz offen und ehrlich gesagt? Wann hast du ihren Eimer mit Selbstvertrauen gefüllt?

38 | Unterstufe

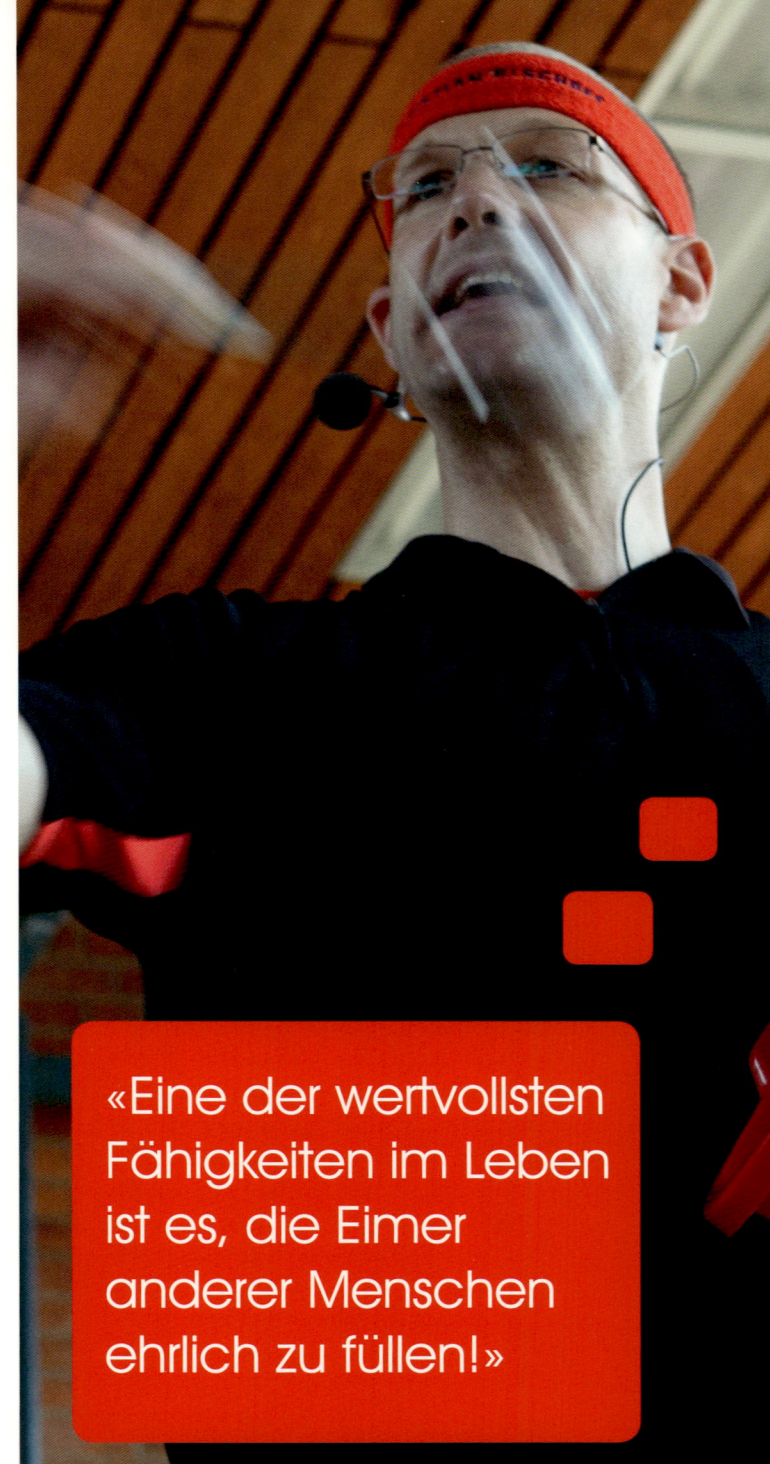

«Eine der wertvollsten Fähigkeiten im Leben ist es, die Eimer anderer Menschen ehrlich zu füllen!»

«Sag jemandem, was dir an ihm gefällt!»

Genau dazu habt ihr jetzt alle die Möglichkeit.
Bitte legt mal alles hin und steht alle auf! Auch die Lehrer! Alle aufstehen. Wenn du jetzt gleich das Signal LOS hörst, gibt es drei Minuten in diesem Raum kein Halten mehr. Du kannst hingehen, wo auch immer du hingehen willst und zu wem du gehen willst.

Die Lehrer gehen bitte zu so vielen Kolleginnen und Kollegen wie möglich. Ihr geht bitte zu so vielen Mitschülerinnen und Mitschülern wie möglich. Schaut ihnen in die Augen und sagt ihnen mal ganz offen und ehrlich, was euch an ihnen gefällt, wofür ihr ihnen dankbar seid, warum sie eure Freunde sind, was ihr an ihnen bewundert... Geht auch mal zu euren anwesenden Lehrerinnen und Lehrern, wenn ihr denen ehrlich ein Kompliment machen möchtet!
1,2,3... LOS!

«Ziele»

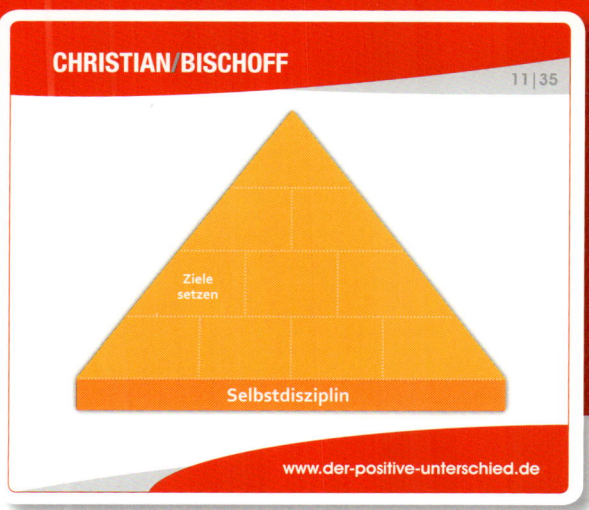

Was ist das Wichtigste, das du brauchst, um all diese Bausteine der Pyramide umzusetzen? Ziele!

Richtig, du brauchst Ziele!
Ein Mensch, der keine Ziele hat, weiß auch nicht, was er aus seinem Leben machen soll. Woher soll da Motivation kommen? Deswegen machen wir jetzt Folgendes: Wir setzen uns mal Ziele für dieses Schuljahr. Das ist ein kurzer Workshop. Damit den jeder mitmachen kann, holt bitte alle Block und Stift raus und steht auf, wenn ihr beides in der Hand habt! Fangen wir an:

Schritt Nummer 1
Um dir Ziele zu setzen, brauchst du Selbstvertrauen. Ein Mensch, der sich nicht selbst vertraut, wird nie den Mut haben, neue Dinge anzupacken. Daher fangen wir an mit unserem Selbstvertrauen.

Schreibe dir bitte drei Erfolge auf, die du in deinem Leben schon erreicht hast und auf die du stolz bist! Ein Erfolg ist ein Ziel, das du mal hattest und das du erreicht hast. So, jetzt schreibt jeder von euch drei persönliche Erfolge auf, und steh bitte auf, wenn du fertig bist.

Schritt Nummer 2
Was sind drei Ziele, die du dieses Schuljahr erreichen möchtest? Wichtig ist hier, dass du nicht nur Ziele für die Schule nimmst, weil dein Leben besteht auch aus Hobbys und anderen Interessen. Mindestens ein Ziel für die Schule, aber maximal zwei. Wer von euch hat ein Ziel, das er allen mal sagen möchte?

Wichtig bei Zielen ist: Schreibe sie genau auf, nicht allgemein. Ein Ziel ist zum Beispiel nicht: Ich will in der Schule besser werden. Was heißt das? In welchem Fach? Welche Note? Schreibe auch nicht auf: Ich will ein gutes Zeugnis. Was ist ein gutes Zeugnis für dich? Nur Einser? Oder sind Zweier und Dreier auch ok?

Schreib also zum Beispiel: Ich möchte nur Einser und Zweier im Zeugnis haben. Schreibt jetzt eure drei Ziele auf. LOS!

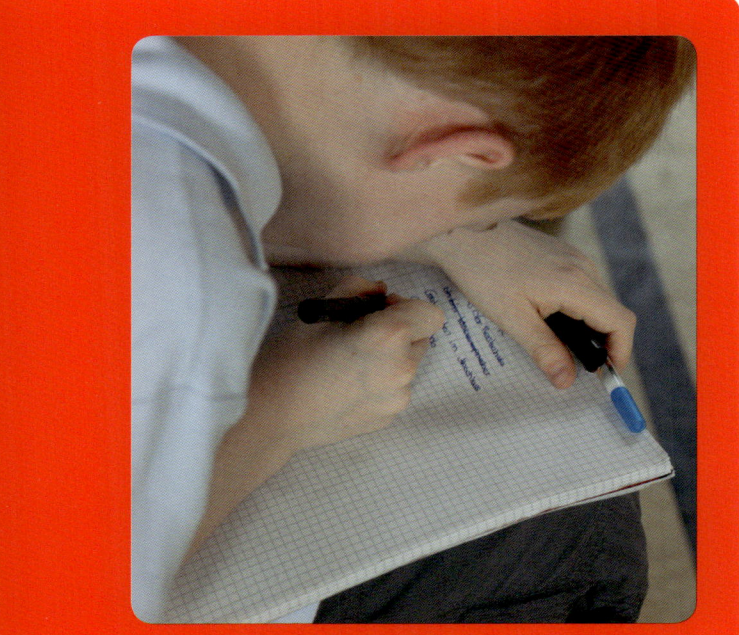

Schritt Nummer 3

Was ist der Boden unserer «Mach-den-positiven-Unterschied»-Pyramide? Die Selbstdisziplin.
Jetzt kennst du deine Ziele. Nun musst du nur noch deine Selbstdisziplin finden. Schau deine Ziele an und schreibe dir zu jedem Ziel drei Dinge auf, die du ab heute tun kannst oder tun musst, damit du dein Ziel auch erreichst. Was musst du tun, um diese Ziele zu erreichen? Wer alle Antworten gefunden hat, steht dann bitte auf! LOS!

CHRISTIAN/BISCHOFF

14|35

Ziele fürs Leben

1. Schreibe 3 Erfolge auf, die du in deinem Leben schon hattest.
2. Überlege dir 3 Ziele, die du in diesem Schuljahr erreichen möchtest.
3. Was musst du tun, um diese Ziele zu erreichen?

www.der-positive-unterschied.de

Bleibt bitte stehen, legt eure Schreibsachen auf den Stuhl, nehmt eure Hände mal vor eure Schulter und auf LOS klatschen wir uns alle mal so laut wie möglich Beifall... 1,2,3, LOS!

Warum klatschen wir? Weil du gerade das gemacht hast, was die meisten Erwachsenen nie in ihrem Leben machen. Du hast dich hingesetzt und deine Ziele aufgeschrieben, die du dieses Schuljahr erreichen möchtest. Mach genau das mindestens zweimal pro Schuljahr. Denn du wirst älter und damit werden sich deine Ziele verändern.

«Jetzt kennst du deine Ziele. Nun musst du nur noch deine Selbstdizipin finden.»

Ihr seht jetzt einmal die komplette Pyramide.
Ich stelle dir ganz kurz zwei Möglichkeiten vor, wie du dich intensiver mit dieser Thematik beschäftigen kannst.

Hierzu habe ich ein Buch geschrieben:
«Motivational Moments – 50 Kurzgeschichten zum Nachdenken und Handeln». Jede Geschichte vermittelt eine wichtige Lebenseinstellung für dein Leben. Wenn du jeden Tag nur eine Geschichte liest und dich nach jeder fragst: Wie kann ich das Gelernte auf mein Leben übertragen, dann denkst du in 50 Tagen viel positiver als heute und bist noch entschlossener, deine Ziele anzupacken.

Wenn du in deinem Leben etwas erreichen möchtest, wenn du wirklich durchstarten willst, wenn du nicht im Mittelmaß versinken möchtest, dann komm zum **Jugend-LIFE-Day**.

Der Jugend-LIFE-Day ist ein eintägiges Seminar für Jugendliche im Alter von 12–18 Jahren. Du lernst dort ganz intensiv, was du brauchst, um im Leben nach der Schule durchstarten zu können. Informationen zu diesem außergewöhnlichen Event findest du unter: **www.jugend-life-day.com**

Denke daran: Wenn du einen Traum im Leben hast, bleibe dran, verwirkliche ihn.

Jetzt willst du noch wissen, was es mit dem roten Stirnband auf sich hat? Ganz einfach. Zwei Dinge:

1. In acht Wochen wissen die meisten von euch nicht mehr, wie ich heiße. Aber ihr werdet euch ganz lange an die Veranstaltung mit dem Typen mit dem roten Stirnband erinnern. Damit wirst du die Veranstaltung und das, was wir besprochen haben, viel länger in Erinnerung behalten.

2. Am Anfang des Vortrags sind 90% von euch in diesen Raum gekommen, haben mich eine Sekunde angeschaut und sich sofort gedacht: Oh mein Gott, was ist denn das für ein Clown?! Ihr habt euch sofort ein Vorurteil gebildet und wart erst mal skeptisch. Am Ende des Vortrags denken sich die meisten: Hey, der Typ ist ganz in Ordnung. Warum? Weil du mich als Menschen kennengelernt hast, jetzt interessiert dich das Aussehen nicht mehr.

Die Botschaft für dich ist ganz einfach: Es ist egal wie du aussiehst. Es gibt kein zu groß, zu klein, zu dick, zu dünn, zu hässlich, falsche Hautfarbe, falsche Nationalität. Es ist vollkommen egal, wie du aussiehst und wo du herkommst. Das wird nichts mit deinem Lebenserfolg zu tun haben. Das Einzige, was langfristig zählt, ist dein Charakter und deine Persönlichkeit. Wenn du nur die Pyramidenbausteine, die wir besprochen haben, in deinen Charakter einbaust und täglich für alle sichtbar lebst, wirst du ein Mensch werden, der Erfolg magisch anzieht.

Und wenn das nächste Mal in der Schule mal wieder ein Mitschüler aufzieht und zu dir sagt: Lulatsch! Brillenschlange! Depp! Ignoriere es, klopf dir selbst auf die Schulter und sage laut zu dir: Ich bin ok so, wie ich bin.

Guten Morgen! Wir beginnen gleich mit ein paar Fragen und ich bitte dich, dich zu melden und ganz laut und deutlich mit Ja zu antworten, wenn du die Frage bejahen kannst.
Erste Frage: Bist du freundlich?

«Ja!»   «Ja!»   «Nein!»
        «Nein!»

Hm, das ist nicht überzeugend!
Wir probieren es anders. Zweite Frage: Passt du gut auf, wenn deine Lehrer dir etwas erklären?

«Nein!»   «Nein!»
«Nein!»
       «Nein!»   «Nein!»
«Nein!»

Wenigstens seid ihr ehrlich. Dritte Frage: Bist du bereit, in den nächsten zwei Stunden jede Menge Spaß zu haben?

«Ja!» «Ja!»
    «Ja!» «Ja!»
      «Ja!»
«Ja!»
 «Ja!»

«Letzte Frage, und jetzt die Jungs in diesem Raum bitte einmal ganz offen und ehrlich sein: Bist du sexy?»

Vor kurzem war ich an einem großen Gymnasium. Kommt ein Schüler händchenhaltend mit seiner Freundin in den Vortragsraum rein, ganz stolzgeschwellte Brust. Man erkennt genau, seine Körpersprache drückt aus: Leute, seht her, ich hab schon eine. Hast du auch schon eine?

Er setzt sich mit seiner Freundin in die erste Reihe. Ich stell die Frage: Bist du sexy? Der Junge meldet sich ganz selbstbewusst und schreit: ja, hier! Seine Freundin fängt zu lachen an und sagt: Bist du dir da sicher?

Die entscheidende Frage im Leben ist aber nicht, wie sexy bist du vom Aussehen, weil das vergeht, je älter du wirst. Denk an deine Großeltern. Die entscheidende Frage im Leben ist: **Wie sexy sind dein Charakter und deine Persönlichkeit?**
Genau darüber wollen wir heute sprechen.

> «Die entscheidende Frage im Leben ist: Wie sexy sind dein Charakter und deine Persönlichkeit? Genau darüber wollen wir heute sprechen.»

Schaut mal, wir machen das diese zwei Stunden ganz einfach. Ich bin der Christian. Wir duzen uns. Du brauchst nicht «Sie» zu mir zu sagen. Auch am Ende, wenn du noch Fragen hast, kommst du einfach zu mir und sagst «Du».
Während eure Schulleitung mich vorgestellt hat, habe ich euch beobachtet. Ich sehe hier jede Menge attraktive junge Damen im Publikum, die leider gerade in einer ganz unvorteilhaften Körperhaltung in ihrem Stuhl sitzen.

Verschränkte Arme. Fragender Blick. Sie runzeln die Stirn, schauen mich ganz skeptisch an und denken sich voller Vorurteile: Christian, wie scheiße siehst denn du aus? Warum hast du denn dieses blöde Stirnband auf dem Kopf?
Offen und ehrlich: Wer von euch denkt sich gerade so etwas oder etwas Ähnliches?

«Ja!» «Ja!» «Nein!» «Nein!» «Ja!» «Ja!»

Zerbrich dir über das Stirnband bitte mal nicht den Kopf, du wirst es später erfahren. Das hat eine ganz wichtige Bedeutung – auch für dich!

54   Mittelstufe

Ok, fangen wir an. Disziplin ist etwas Gutes, richtig? Wer von euch sagt: Christian, nein, ich finde, dass Disziplin etwas Negatives ist?

Genauso geht das an jeder Schule: Da meldet sich ein Schüler von mehreren hundert und dann sieht er, dass sich kein anderer meldet.
Seine Reaktion: «Och, ich wollt nur mal gähnen. Ich bin müde, so früh am Morgen.»

«Selbstdisziplin»

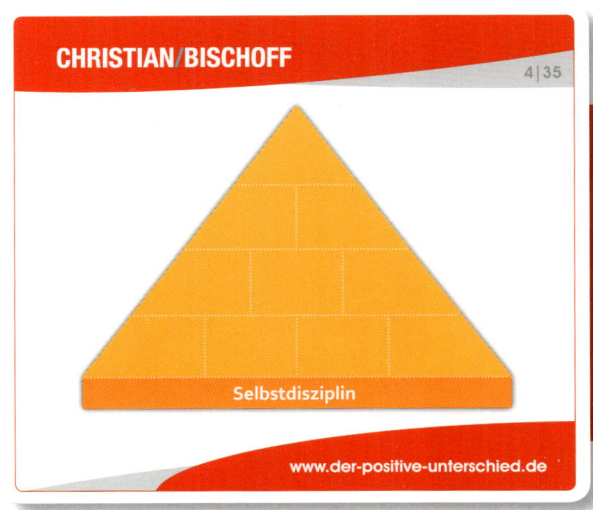

«Disziplin ist etwas Gutes, richtig?»

«Wer von euch sagt: Christian, ich weiß, dass Disziplin etwas Gutes ist, das mir hilft im Leben?

Disziplin bedeutet ganz einfach immer nur Folgendes: Das zu tun, was du tun musst, in dem Moment, in dem du es tun musst.

Das ist nichts Schlechtes, sondern der Schlüssel zu allen Erfolgen im Leben. Das zu tun, was du tun musst, in dem Moment, in dem du es tun musst.
Jetzt fragst du dich: Christian, was bedeutet das?
Kein Problem, wir erklären uns diese Definition anhand eines Beispiels. Denk dich mal bitte in dieses Beispiel hinein.

Stell dir vor, letztes Schuljahr, letzter Schultag vor den Sommerferien. Du freust dich seit Wochen auf die Sommerferien und bekommst von deinem Klassenlehrer dein Jahreszeugnis. Und du gehst mit deinem Jahreszeugnis wie ein stolzer Hahn nach Hause. Zu Hause setzt du dich an deinen Schreibtisch, holst dein Jahreszeugnis raus und schaust es zum ersten Mal in Ruhe ganz offen und ehrlich an. Nehmen wir an, du siehst lauter 3er und 4er.

«Das zu tun, was du tun musst, in dem Moment, in dem du es tun musst.»

Der Schüler hier vorne denkt sich jetzt: Passt doch! Neulich hat ein Schüler reingerufen: Christian, ich wünschte, das wär mein Zeugnis!

Aber nehmen wir mal an, du siehst lauter 3er und 4er, und in dem Moment, in dem du das siehst, bist du mal ganz offen und ehrlich zu dir und denkst dir: Kann doch eigentlich nicht sein – ich weiß, ich bin besser. Ich weiß, ich könnte mehr.

In diesem Moment triffst du eine Entscheidung und schwörst dir: Schluss mit diesem Mittelmaß. Ende dieses Schuljahrs bin ich in mindestens zwei Fächern eine Note besser. Das ist dein Ziel. Du weißt auch, um dieses Ziel zu erreichen, musst du etwas tun. Du musst jeden Tag konzentriert 10 Minuten mehr lernen. Nicht länger, das ist übertrieben. Rechne doch nur mal: 10 Minuten pro Tag, das ist über eine Stunde zusätzlich jede Woche.

Das sind über 50 Stunden in einem Jahr, das macht einen riesigen Unterschied auf ein ganzes Schuljahr.

Sei doch mal ehrlich:
Wenn du dieses Ziel jetzt erreichen möchtest, brauchst du keinen Lehrer mehr, der dir jeden Tag bildlich gesprochen verbal in den Hintern tritt. Alles, was du noch brauchst, ist ein bisschen Selbstdisziplin.
Selbstdisziplin bedeutet:
Das zu tun, was du tun musst. In dem Moment, in dem du es tun musst.
Also jeden Tag diese 10 Minuten mehr konzentriert lernen. In dem Moment, in dem du es tun musst. Wann lernst du denn am besten? Normalerweise zwei Möglichkeiten: für einige direkt in der Früh nach dem Aufstehen. Bevor es in die Schule geht. Für die meisten aber nach der Schule, nach dem Mittagessen und nach einer kurzen Pause. Und dann nachmittags nicht sagen: Och, ich geh jetzt mit Freunden weg und mach Party, ich lern heut Nacht um 12. Machst du eh nicht, du Lügner, mach es gleich.
Erst lernen, dann feiern!

«Schluss mit diesem Mittelmaß!»

Wir malen ein Bild, damit du das Ganze besser verstehst. Stell dir Folgendes vor: Jeder Mensch auf dieser Welt besitzt bildlich gesprochen so eine Flasche voller Wasser.

Das Wasser in der Flasche steht für deine Talente und Stärken im Leben. Es ist wissenschaftlich erwiesen, dass jeder Mensch zwischen drei bis fünf herausragende Talente und Stärken in seinem Leben besitzt. In irgendeinem Lebensbereich. Lass dir bitte, nie, nie, NIE von einem Erwachsenen erzählen, dass das nicht stimmt.

JEDER von euch hat diese Talente. Das Problem ist vielmehr, wie die meisten Menschen mit ihren Talenten im Leben umgehen. Die meisten behandeln sie nämlich so:

Das Wasser kann ich nicht mehr trinken oder sinnvoll nutzen, das Wasser ist verschwendet. Was brauche ich denn, um dieses Wasser auffangen und sinnvoll nutzen zu können?

Eimer, Behälter... Vor kurzem hat ein Schüler in München reingerufen: Bierkrug! Der kam wohl direkt vom Oktoberfest. Ein normales Glas reicht auch. Jetzt kann ich das Wasser auffangen und sinnvoll nutzen.
Das Wasser steht für deine **Talente** in deinem Leben, die jeder von euch besitzt. Das Glas steht für die **Selbstdisziplin**.

Ich habe diesen Versuch meinen Spielern beim Basketball regelmäßig gezeigt und ihnen immer das Gleiche erklärt: Lieber hast du doch ein Leben lang eine Flasche, die nicht ganz voll ist mit Wasser. Das heißt, du hast nicht ganz so viel Talent wie manch anderer aus deiner Klasse. Du schreibst nicht die gleichen guten Noten. Das ist nicht schlimm. Du musst nicht überall der Beste sein, das ist eine blöde Gesellschaftslüge. **Wenn du aber ein Leben lang mit einem Glas durchs Leben gehst, d. h. du hast die Selbstdisziplin, jeden Tag etwas dafür zu tun, um deine Ziele zu erreichen, dann wirst du fast immer mehr erreichen als jemand aus deiner Klasse, der eine volle Flasche Wasser hat, d. h. Talent ohne Ende, aber kein Glas, keine Selbstdisziplin.**

Wir glauben immer gerne, dass das Talent das Entscheidende im Leben ist. Das stimmt nicht. **Entscheidend im Leben ist immer die Selbstdisziplin.**

«Erkennst du, wer der Junge mit der Nummer 14 ist, der so ganz bescheiden im Hintergrund steht?»

Nächstes Beispiel zum Thema Selbstdisziplin:
Wer von euch kennt Dirk Nowitzki, Deutschlands besten Basketballer? Du siehst jetzt ein lustiges Foto.

Dieses Bild ist über 15 Jahre alt. Du siehst auf diesem Bild eine deutsche Basketball-Auswahlmannschaft. Ich weiß nicht, ob dir auffällt, wer der Typ mit der Nummer 12 ist, der da so mega-wichtig im Mittelpunkt steht? Genau, das bin ich. Ich gebe zu, ich stand schon immer gern im Mittelpunkt.

Erkennst du, wer der Junge mit der Nummer 14 ist, der so ganz bescheiden im Hintergrund steht?
Das ist Dirk Nowitzki. Wir waren damals so 15, 16 Jahre alt. Der Mann hier ganz links im weißen T-Shirt, das war damals einer unserer Trainer. Dieses Bild wurde gemacht, kurz bevor wir auf ein großes internationales Turnier geflogen sind. Wir haben dieses Bild am Ende unseres Lehrgangs gemacht, und ich musste anschlie-

Dirk Nowitzki mal Bundesliga in Deutschland spielen... wie bitte?

Jeder von euch, der ihn kennt, weiß, dass Dirk seit Jahren in den USA spielt und wahrscheinlich einer der fünf besten Basketballer auf der ganzen Welt ist. Aber das Interessante ist Folgendes: Damals, als wir gemeinsam in der Jugendauswahl gespielt haben... Unser Trainer hatte recht: Dirk war ein absolut fauler Hund! Das Ergebnis war, dass er damals noch nicht besser als die meisten anderen aus unserer Mannschaft war. **Aber aus irgendeinem Grund hat der Junge ein paar Wochen später sein Glas gefunden. Sprich: seine Selbstdisziplin.** Er ist dann zum Beispiel jeden Tag drei Stunden ins Training gefahren und wieder nach Hause, nur um mit seinem neuen Trainer trainieren zu können. Erst als er diese Selbstdisziplin hatte, ist er richtig gut geworden.

Jetzt denkst du dir: Christian, das ist eine beeindruckende Geschichte. Aber was hat das mit mir zu tun? Ich möchte kein Profi-Sportler werden.
Das ist in Ordnung. Aber es ist egal, ob du Dirk Nowitzki beim Basketball oder dich selbst mit deinen Zielen im Leben nimmst, in der Schule und bei deinen Hobbys. **Entscheidend ist nie dein Talent. Das Entscheidende in deinem Leben ist immer die Selbstdisziplin.**

ßend dringend nach Hause. Mein Trainer fährt mich in seinem Auto zum Bahnhof, damit ich meinen Zug erwische. Mein Trainer sitzt in seinem Auto am Steuer, ich sitze auf dem Beifahrersitz... Ich weiß das heute noch, als wäre es gestern gewesen. Zwei Minuten, bevor wir am Bahnhof sind, schaut mein Trainer mich an und sagt zu mir: **«Christian, dieser Dirk, der Junge hat so viel Talent. Der könnte mal Bundesliga in Deutschland spielen. Aber der faule Hund schafft das nie!»**

«Jetzt haben die meisten von euch gesagt: Christian, ich bin kein Kleinkind mehr. Ich weiß, wie wichtig Disziplin ist. Ok, fangen wir an, die Pyramide aufzubauen. Hier ist der erste Baustein: Selbstvertrauen!»

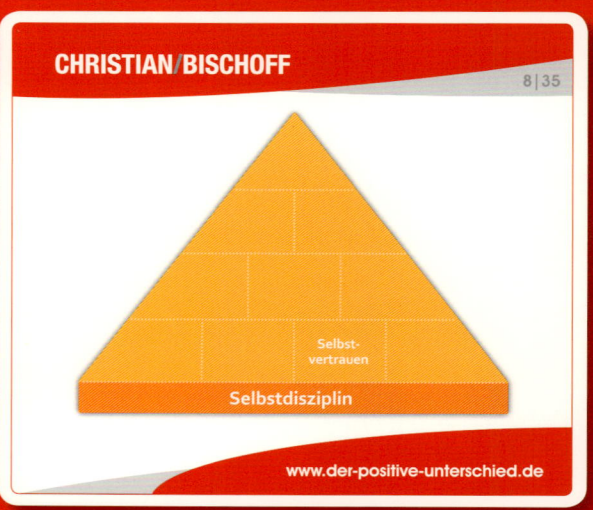

«Selbstvertrauen»

Dein Selbstvertrauen ist genauso wichtig wie deine Selbstdisziplin. Stopp, schreibt das bitte nicht auf. Stattdessen schaut mich bitte alle einmal direkt an. Bitte alle direkt zu mir schauen. Ich gebe zu, ich kann euch nicht alle gleichzeitig anschauen, aber du kannst zu mir schauen. Wenn du es schaffst, für den Rest der Veranstaltung die ganze Zeit zu mir nach vorne zu schauen, dann passieren **drei wunderbare Sachen**.

Erstens: Ganz offen und ehrlich, mir macht es viel mehr Spaß, mit euch zu arbeiten. Weil ich sehe gerade zum ersten Mal in all euren Augen euer Interesse.
Blickkontakt. Wenn du jemanden anschaust, signalisierst du ihm damit: Mich interessiert, was du zu sagen hast. Ich bin offen und ehrlich, das ist im Moment für mich schön, ist aber noch viel wichtiger für eure Lehrer ab der nächsten Stunde. **Schaut eure Lehrer an, wenn die im Unterricht vor euch stehen!** Ohne dass ihr auch nur ein Wort sagt, zeigt ihr ihnen damit: Mich interessiert, was Sie zu sagen haben. Und das motiviert jeden Menschen.

Für dich passieren aber zwei Dinge, die noch viel wichtiger sind: **Wenn du die ganze Zeit zu mir schaust, konzentrierst du dich viel besser. Du kriegst mehr mit. Du lernst schneller. Damit kommst du schneller voran.**

«Das Selbstvertrauen eines Menschen erkennst du häufig daran, wie er anderen Menschen in die Augen schauen kann.»

Die dritte Sache ist die Wichtigste:
Wenn du es schon in jungem Alter schaffst, zu jedem Erwachsenen Blickkontakt zu halten, dann steigt ganz, ganz schnell dein Selbstvertrauen.
Vieles im Leben, spätestens nach der Schule, ist primär eine Frage deines Selbstvertrauens, nicht deines Notendurchschnittes.

Stell dir vor, nach der Schule bekommst du eine große berufliche Chance. Ob du die annimmst oder nicht, hängt davon ab, ob du sie dir zutraust oder nicht. Und das ist dein Selbstvertrauen. Das Interessante ist, das Selbstvertrauen eines Menschen erkennst du häufig daran, ob er anderen Menschen in die Augen schauen kann. Wenn du nach dem Vortrag aus diesem Raum

gehst, achte mal für den Rest des Tages darauf, wie viele Menschen dich nicht anschauen können, wenn die mit dir reden. Die reden mit dir und schauen... weg! Frage dich mal, wie hoch ist deren Selbstvertrauen? Du wirst eigentlich immer zum gleichen Ergebnis kommen: Ein Mensch, der beim Reden keinen Blickkontakt halten kann, hat meistens ein geringes Selbstvertrauen. Hier ist das Interessante für dich: Dein Selbstvertrauen kannst du am einfachsten trainieren, indem du lernst, anderen Menschen in die Augen zu schauen.

Stell dir vor, ich gehe jetzt auf jemanden von euch zu, den ich nicht kenne. Ich möchte dir eine zwischenmenschliche Kommunikationsregel erklären, die die meisten Menschen missachten, weil sie sie nicht kennen. Stell dir vor, du triffst einen Erwachsenen zum ersten Mal, du bist zum Beispiel in einem Vorstellungsgespräch. Ihr lernt euch kennen, gebt euch die Hand, schaut euch in die Augen, fangt an, miteinander zu reden.

Hier ist die Regel: Wer zuerst den Blickkontakt fallen lässt, signalisiert sich selbst und seinem Gegenüber unbewusst: **Du hast mehr Selbstvertrauen als ich, du bist der Chef in dieser Beziehung.**

Das ist eine unbewusste Regel, die sich die meisten Menschen nie klar machen. Wer als Erstes den Blickkontakt fallen lässt, signalisiert seine Unterlegenheit.

Vorsicht!

«Jungs, Blickkontakt bedeutet nicht, dass du starren sollst. Sonst rufen deine Lehrer die Polizei. Blickkontakt bedeutet auch nicht, dass du den Mädels mit offenem Mund hinterherschauen sollst. Damit zeigst du nur, dass du verliebt bist. Blickkontakt heißt auch nicht, dass du mit einem künstlichen Pferdelächeln jeden bis in deinen Rachen schauen lässt. Blickkontakt bedeutet einfach: locker jeden anschauen, ihm deine Aufmerksamkeit und dein Selbstvertrauen demonstrieren und charmant lächeln.»

«Konzentration»

Konzentration! Das ist der nächste Baustein der Pyramide. Dazu werden wir mit Hilfe eines Spiels den Konzentrationsmeister in diesem Raum suchen.
Du weißt, ich bin der Christian. Das Spiel ist ganz einfach. Das Spiel heißt: Christian sagt.

Es gibt nur eine Regel in diesem Spiel, und die lautet: Du darfst nur machen, was der Christian sagt. Kurze Erklärung der Regel. Wenn du jetzt gleich hörst: Christian sagt: Mach das! Dann machst du das bitte mit, weil Christian das gesagt hat.

Wenn du jetzt gleich nur hörst: Mach das! Dann machst du das bitte nicht mit, weil Christian das nicht gesagt hat. Habt ihr die Regel verstanden?

Ok, alle bereit zu spielen? Hey Leute, da wo ich wohne, in dem Altersheim daneben ist eine zehnmal bessere Stimmung als bei euch hier! Alle bereit zu spielen? Ok, dann bitte alle aufstehen.

Danke, alle die jetzt aufgestanden sind, dürfen sich setzen und sind ausgeschieden! Wie heißt die einzige Regel in diesem Spiel? Christian sagt. Du darfst nur das machen, was der Christian sagt.

Stopp, entspannt euch, ihr bekommt alle eine zweite Chance, wir fangen noch einmal von vorne an. Aber ab jetzt gilts: Wenn du ab jetzt einen Fehler machst, bitte sei so fair und setz dich hin, du bist ausgeschieden. Und wir schauen, wer als Letztes noch steht und dieses Spiel gewinnt. Alle bereit?

Jetzt kommen am Ende des Spiels immer die zwei gleichen Fragen. Erste Frage: Hey, Christian, spielen wir noch mal?
Diese Frage kommt immer von einem Jungen, denn jetzt haben die Jungs das Spiel auch kapiert!

Zweite Frage: Christian, warum spielen wir dieses Spiel? Ganz einfach! Wir haben gesagt, mit Blickkontakt trainierst du deine Konzentration. Du hast nun spielerisch erlebt, wie schwierig es ist, sich auch nur eine Minute auf eine Sache zu konzentrieren, ohne sich ablenken zu lassen.

«Respekt»

Der nächste Baustein, über den wir sprechen wollen, heißt: Respekt. Stopp! Damit meine ich nicht diesen Yo-Yo-Yo-Rapper-Respekt, den du aus VIVA und MTV kennst. Das hier ist der zwischenmenschliche Respekt.

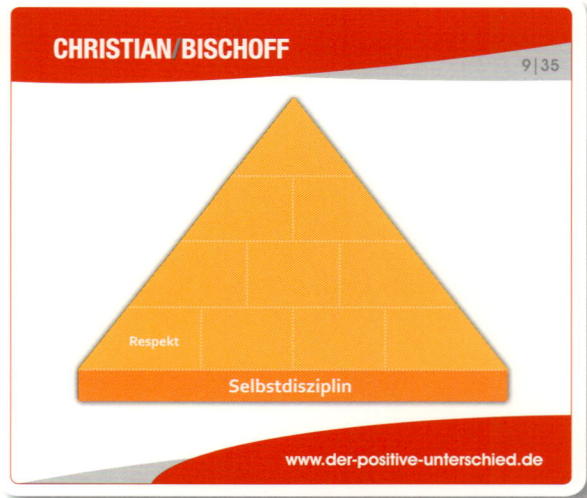

Als ich in die 6. Klasse gekommen bin, musste ich an eine neue Schule. Mein Papa hatte seinen Arbeitsplatz gewechselt, hat die ganze Familie ins Auto gepackt und wir sind quer durch Deutschland umgezogen. Am ersten Schultag an meiner neuen Schule schnappt mich mein Schulleiter und bringt mich zu meiner neuen Klasse.

Ich weiß nicht, ob du dir vorstellen kannst, wie ich vor der Klassentür gestanden bin. Mein Kopf, knallrot! Meine Hände waren so feucht, der Schweiß ist fast die Handfläche runtergelaufen. Mein Herz hat gepocht wie wild. Damit hättest du Schlagzeug spielen können. Meine Knie haben gezittert ohne Ende.

Ich hatte Angst ohne Ende vor meiner neuen Klasse. Mein Schulleiter macht die Klassentür auf, der Unterricht lief schon. Und wie das immer in solchen Situationen ist: In der ganzen Klasse ist noch genau ein Stuhl in der Mitte frei. Ich gehe voller Angst in meine neue Klasse. Setze mich. Lerne unseren Religionslehrer kennen. Religionsunterricht.

Dieser Religionslehrer hat wohl sofort gesehen, dass da zwar ein ziemlich großer, aber total verängstigter Junge sitzt, hat sofort aufgehört, Unterricht zu machen, und hat den ganzen Rest der Stunde dafür verwendet, mich meinen neuen Mitschülerinnen und Mitschülern vorzustellen und mir die neue Schule zu zeigen. Nach einer Stunde war mein Kopf nicht mehr rot. Die Hände nicht mehr feucht. Das Herz hat wieder normal geschlagen. Und meine Knie haben nicht mehr gezittert. Stattdessen hatte ich nach nur einer Schulstunde eine neue Lieblingsklasse, eine neue Lieblingsschule und vor allem einen neuen Lieblingslehrer, der das bis heute geblieben ist. Warum? Weil dieser Lehrer mir in diesem Moment den zwischenmenschlichen Respekt gezeigt hat, dass ich okay bin, dass es mir gut geht, dass ich mich wohlfühlen darf und keine Angst mehr zu haben brauche. Solche Dinge waren für ihn viel wichtiger als sein Unterricht.

Was unser Religionslehrer für ein besonderer Lehrer war, haben wir drei Wochen später gemerkt. Drei Wochen später kommt er in unsere Klasse mit einem Test. Teilt die Blätter aus. Ich schaue mir mein Blatt an und sehe zehn Fragen. Damals war ich ein wissbegieriger und aufmerksamer Junge und hatte ganz schnell zu den ersten neun Fragen meine Antworten aufs Papier gebracht und habe mich schon gefreut: YES! Das wird ne 1! Guter Start ins neue Schuljahr.

Bis ich auf einmal die zehnte Frage lese... Wie bitte?? Die zehnte Frage war: Wie heißt unser Hausmeister mit Vor- und Nachnamen?

«Aber woher in aller Welt sollte ich denn seinen Namen wissen? Warum sind denn Namen von Menschen überhaupt wichtig?»

Ich dachte, das wäre ein Scherz. Ich dachte in dem Moment, unser Religionslehrer will uns verarschen. Ich habe diesen Hausmeister seit drei Wochen gekannt. Das war so ein kleiner, braunhaariger, etwas dicklicher Mann. Ich habe jeden Tag in der Pause mein Pausenbrot bei ihm gekauft. Der Mann war immer freundlich, war immer für uns da, hatte immer ein Lächeln auf den Lippen. Eigentlich war er die gute Seele unserer Schule. Aber woher in aller Welt sollte ich denn seinen Namen wissen? Warum sind denn Namen von Menschen überhaupt wichtig?

Ich konnte diese zehnte Frage nicht beantworten, bin nach ein paar Minuten etwas frustriert aufgestanden, habe meinen Test abgegeben. In dem Moment, als ich mein Blatt abgebe, meldet sich von ganz hinten eine Mitschülerin und fragt unseren Religionslehrer, ob diese zehnte Frage ernst gemeint ist. Ob die gewertet wird? Weißt du, was unser Religionslehrer zu uns gesagt hat, in der sechsten Klasse?

Natürlich wird diese Frage gewertet! In eurem Alter werdet ihr noch tausende neue und fremde Menschen kennenlernen. Jeder dieser fremden Menschen ist wichtig und bedeutend und verdient eure volle Anerkennung und euren Respekt, selbst wenn alles, was ihr macht, ist, ihn anzuschauen, anzulächeln und in einem netten Ton «Hallo» zu sagen.
In diesem Moment hatte die ganze Klasse verstanden, was zwischenmenschlicher Respekt ist.

Mittelstufe

Nun, wir sind heute mal ganz offen und ehrlich zueinander. Was ist ab der nächsten Stunde in unserer Klasse passiert? Es ist genau das Gleiche passiert, was ab morgen nach diesem Vortrag in eurer Klasse passieren wird. Und zwar hat die eine Hälfte unserer Klasse versucht, sich mit mehr Respekt zu behandeln. Vor allem, wenn die Lehrer das vorgelebt haben. Die andere Hälfte aus unserer Klasse hat es nicht gemacht.

Viele von euch werden genauso nach diesem Vortrag hier rausgehen und sagen: Wow, das war eine richtig gute Veranstaltung. Ich nehme hier ein paar Sachen mit, die mir noch lange helfen werden. Genauso werden einige wenige folgendermaßen den Raum verlassen: Boah ey, was war denn das für ein Bullshit?!

«Viele von euch werden nach diesem Vortrag hier rausgehen und sagen: Wow, das war eine richtig gute Veranstaltung. Genauso werden einige wenige folgendermaßen den Raum verlassen: Boah ey, was war denn das für ein Bullshit?!»

Jetzt fragst du dich vielleicht: Christian, warum ist das eigentlich so? Warum behandeln sich in Schulen zum Beispiel viele Schüler und Lehrer mit Respekt und andere machen es nicht? Wer von euch will die ehrliche Antwort wissen, warum das so ist? Aber Vorsicht, die Antwort ist sehr ehrlich!
Hier ist die ehrliche Antwort: Ich habe keine Ahnung! Stattdessen habe ich eine bessere Frage an dich, und jetzt sei mal bitte ganz offen und ehrlich: Wer von euch möchte gerne von Erwachsenen respektiert werden? Hebe bitte deinen Arm mal richtig und schau dich jetzt in diesem Raum um. Du siehst, hier sind gerade alle Hände oben. Danke euch. Warum ist das so? Alle Menschen auf dieser Welt, egal wie alt und woher sie kommen, haben eins gemeinsam: Wir möchten alle respektiert werden. Wenn du das jetzt weißt, dass jeder Mensch auf dieser Welt respektiert werden möchte, dann habe ich mal eine Frage an dich: Warum respektieren wir manchmal unsere Lehrer nicht? Oder unsere Mitschüler nicht?

« Alle Menschen auf dieser Welt, egal wie alt und woher sie kommen, haben eins gemeinsam: Wir möchten alle respektiert werden! »

Antwort 1: Christian, weil ich nicht alle gleich mag. Das ist richtig, du musst nicht jeden Menschen gleich viel mögen. Das kann keiner. Du hast zum Beispiel vier bis fünf Freunde, die magst du mehr als andere. Keiner kann alle Menschen gleich mögen.
Du musst nicht jeden Menschen mögen, aber du solltest jeden respektieren. Respekt hat nichts mit mögen zu tun.

Antwort 2: Christian, weil es Lehrer bzw. Schüler gibt, die mich nicht respektieren!
Ich gebe zu, damit umzugehen ist schon etwas herausfordernder.

Mittelstufe

Aber wir lösen es mit Hilfe einer Metapher: Stell dir vor, heute Nachmittag fängt dein Computer zu Hause an zu brennen. Was passiert, wenn du dieses Feuer mit Feuer löschen willst?

Richtig! Der Computer verbrennt noch viel schneller. Was passiert, wenn du einem Menschen, der dich nicht respektiert, auch mit Disrespekt gegenüber trittst? Richtig! Ihr werdet euch aggressiv hochschaukeln, bis der Streit irgendwann eskaliert. Die Antwort ist einfach: Respektiere vor allem die Menschen, die dich nicht respektieren. Ich gebe zu, das ist nicht immer einfach, aber frage dich doch mal, warum sie dich nicht respektieren. Ich sage dir warum: **Menschen, die dich nicht respektieren, haben einen mangelnden Respekt vor sich selbst. Wenn ich mich selbst voll mag, mich selbst annehme, dann muss ich andere Menschen nicht mehr klein machen.**

Vor ein paar Jahren hatte ich einen Vortrag an einer Hauptschule in Berlin-Kreuzberg. Ja, ich weiß, was du jetzt denkst: Das ist doch der schlimmste Bezirk in ganz Deutschland. Dieses Vorurteil hatte ich auch. Aber ich sage dir: Der Vortrag an dieser Hauptschule war einer der besten, die ich je hatte.

«Menschen, die dich nicht respektieren, haben mangelnden Respekt vor sich selbst!»

Am Vorabend bin ich erst nach Mitternacht in Berlin angekommen und hatte noch kein Hotel. Ich ging also auf Hotelsuche. Ich war keine fünf Minuten unterwegs, als auf einmal aus der Dunkelheit von links vier Jugendliche auf mich zukommen, mich umstellen und ganz aggressiv sagen: «Ey, Alter, hast du Kippen?»
Ich habe sofort gewusst, dass hier Ärger ins Haus steht.
Was kannst Du in so einer Situation tun? Ich habe eine ganz selbstbewusste Körpersprache eingenommen und ruhig geantwortet: «Jungs, tut mir leid, ich würde euch sehr gerne helfen, aber ich bin Nichtraucher.»
Habe mich sofort in die andere Richtung gedreht und bin gegangen.
Was wäre wohl passiert, wenn ich in dieser Situation aggressiv geantwortet hätte: «Hey, Schnösel, zeig mal Respekt, sonst setzt es was!»
Richtig! Es hätte einen richtigen Konflikt gegeben. Daher: Respektiere vor allem die Menschen, die dich nicht respektieren.
Ich habe dazu ein Video gemacht, was wir im Leben noch für Charakterzüge und Lebenseinstellungen brauchen, um erfolgreich zu werden. Du findest es hier in Textform:

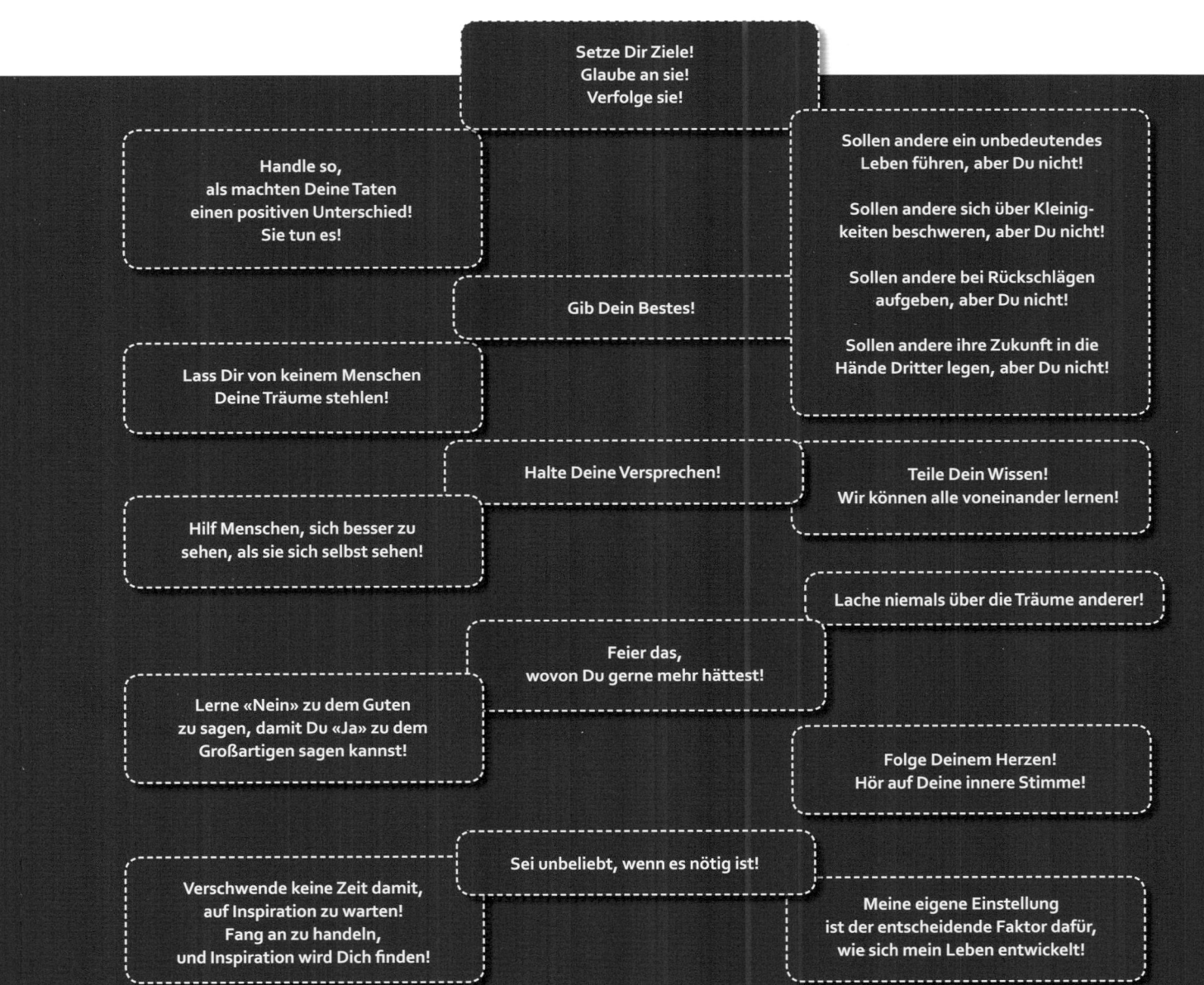

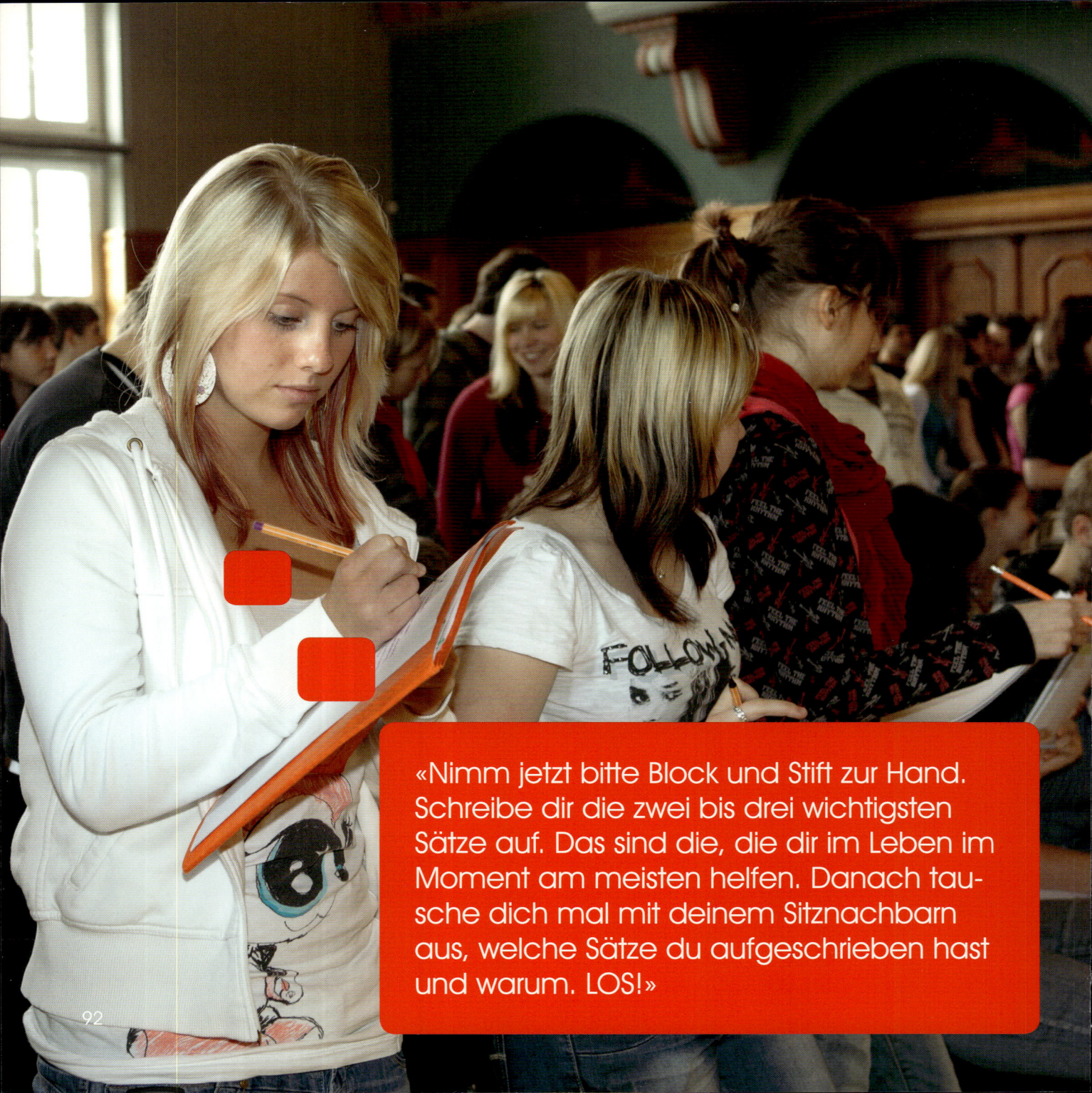

«Nimm jetzt bitte Block und Stift zur Hand. Schreibe dir die zwei bis drei wichtigsten Sätze auf. Das sind die, die dir im Leben im Moment am meisten helfen. Danach tausche dich mal mit deinem Sitznachbarn aus, welche Sätze du aufgeschrieben hast und warum. LOS!»

Wer von euch möchte die ultimative Selbstvertrauens-Übung wissen, mit der du jeden Tag ganz einfach Selbstvertrauen aufbauen kannst? Ok, wer von euch kennt James Bond? Wie begrüßt James Bond Menschen?

Erstens, er hat einen festen Händedruck. Zweitens, er schaut freundlich, aber gleichzeitig ernst. Mädels, er macht kein kindisches Lächeln, so: hihihihihihi... Drittens, er hält Blickkontakt, und dann sagt er viertens immer Folgendes:
Hallo... mein Name ist Bond... James Bond!
Sagen wir diesen Satz auf LOS bitte alle einmal gemeinsam. 1,2,3... LOS!

Hier ist die Aufgabe:
Wenn du jetzt gleich das Startsignal hörst, dann gehst du bitte auf zehn Personen in diesem Raum zu, Schüler oder Lehrer, das ist vollkommen egal, und begrüßt sie in James-Bond-Manier.
Das heißt: fester Händedruck, freundlicher und höflicher Blick und festen Blickkontakt. Dann sagst du langsam die James-Bond-Begrüßung, so dass dich dein Gegenüber klar und deutlich versteht.

Und wenn du schon ganz viel Selbstvertrauen hast, dann nimmst du gleich deinen eigenen Namen. Das sieht dann bei mir folgendermaßen aus:
Hallo... mein Name ist Bischoff... Christian Bischoff!

Haben alle das Spiel verstanden?
1,2,3... LOS!

Ok, wer fertig ist, bitte setzen. Warum spielen wir dieses Spiel? Wer von euch hat schon einmal folgende Situation erlebt:

Da kommt ein Erwachsener auf dich zu und gibt dir diesen laschen Händedruck. Du hast das Gefühl, du hast einen toten Fisch in deiner Hand. Dann kann er dich noch nicht einmal anschauen und stellt sich so vor: Hallo ist heiße Chrischschen... Bischef...
Wer von euch kennt diese Situation?

Wer von euch hat gerade meinen Namen verstanden? Warum stellen Menschen sich so unsouverän vor? Weil ihnen das Selbstvertrauen fehlt!

Ich erzähle dir dazu ein kleines Erlebnis. Was ich normalerweise mache, sind große Seminare für Erwachsene, die den ganzen Tag lang dauern. Diese Seminare heißen WILLENSKRAFT und lehren, wie du im Leben das schaffst, was du schaffen willst. Letztes Jahr hatte ich ein solches Seminar in Frankfurt. Für dieses Seminar hatte sich ein Mann mit seiner Frau aus Sachsen angemeldet. Weil die beiden kurzfristig einen wichtigen Termin hatten, konnten sie nicht kommen. Der Vater hat stattdessen seine beiden Söhne auf das Seminar geschickt, die waren 17 und 20 Jahre alt.

In der ersten Pause kam der jüngere der beiden auf mich zu und hat mir erzählt, dass er kurz vor seinem Abitur in Sachsen steht und dass er nach dem Abitur gerne nach Westdeutschland, am liebsten nach Bayern gehen würde, um dort eine Ausbildung zu machen. Er habe aber keine Ahnung, wie er das schaffen soll. Der Junge war mir sofort sympathisch. Ich wusste, dass im Seminar der Personalleiter einer großen deutschen Firma sitzt, die ihren Standort in Nürnberg hat. In der nächsten Pause, stellte ich dem Personalleiter diesen freundlichen 17-jährigen Jungen aus Sachsen vor. Die beiden unterhielten sich.

Nach zehn Minuten kam der Personalentscheider zu mir und sagte: «Christian, danke für den Tipp! Der Junge bekommt sofort einen Ausbildungsplatz bei uns, sobald er sein Abitur in der Tasche hat.»

Ich war überrascht und fragte: «Warum?» Der Mann blickte mich erstaunt an: «Warum? Ganz einfach! Erstens, der Junge hat einen festen Händedruck, d. h. er besitzt Selbstbewusstsein. Zweitens, der Junge kann dir in die Augen schauen, während er sich mit dir unterhält. Daher weiß ich, dass er Selbstvertrauen hat. Und drittens hat der Junge Ziele in seinem Leben!»

Ich schaute den Personalentscheider an und fragte: «Ja, und was ist mit seinem Abiturzeugnis?»

Der lächelte: «Nicht mehr wichtig, so lange er sein Abitur schafft. Was will ich als Unternehmer mehr als einen jungen Menschen, der Selbstbewusstsein und Selbstvertrauen hat und auch noch seine Ziele im Leben kennt? Mehr braucht es nicht!»

«Ein fester Händedruck zeugt von Selbstbewusstsein, Blickkontakt von Selbstvertrauen.»

Jetzt kommt vielleicht der wichtigste Baustein der Pyramide: positiver Umgang miteinander.

Stell dir Folgendes vor: Dieses Schuljahr schreibst du in einer Prüfung eine 1 mit Sternchen. Du hast keinen einzigen Fehler. Ich habe eine Frage an dich: wer von euch hätte für diese tolle Leistung gerne ein Lob von seinem Lehrer und von seinen Eltern?

Heb deinen Arm bitte mal so hoch wie möglich. Schau dich in diesem Raum um. Du siehst, es sind alle Hände oben. Danke euch für eure Ehrlichkeit.

Warum ist das so?

Alle Menschen auf dieser Welt wollen nicht nur respektiert werden, sondern jeder Mensch auf dieser Welt braucht auch Lob und Anerkennung.

«Positiver Umgang»

Du kannst im Leben nur richtig gut werden, du kannst nur große Dinge erreichen, wenn du Menschen um dich hast, die dich positiv bestärken. Das heißt, die dir helfen, dich unterstützen, dich loben, dir sagen, was du richtig machst. Du wirst im Leben immer schlechter, hast immer weniger Selbstvertrauen, wenn du Leute um dich hast, die immer nur das Schlechte und das Negative sehen, immer den Fehler suchen und immer schlecht drauf sind.

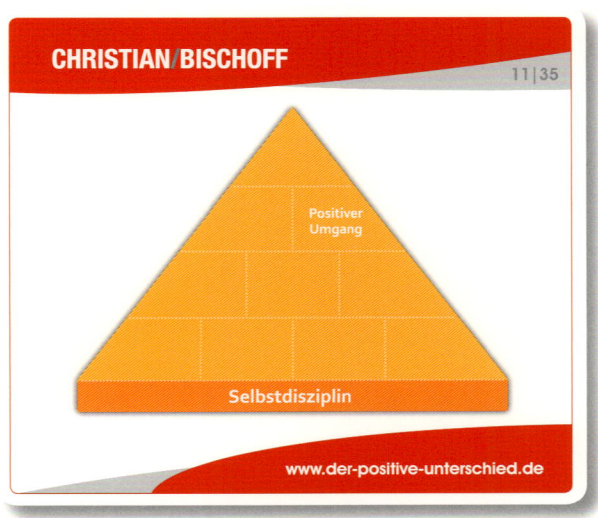

«Jeder Mensch besitzt bildlich gesprochen einen unsichtbaren Eimer: Dein Eimer mit Selbstvertrauen. Er sitzt in deinem Kopf.»

Wir machen gleich das wichtigste Spiel des gesamten Vortrags, vorher wollen wir uns aber bildlich erklären, wie das Leben eines jeden Menschen funktioniert.

Stell dir bitte Folgendes vor: Jeder Mensch besitzt bildlich gesprochen so einen unsichtbaren Eimer in seinem Leben. Du siehst ihn nicht, aber du hast ihn. Dieser Eimer heißt: dein Eimer mit Selbstvertrauen. Er sitzt in deinem Kopf.
Jetzt stell dir mal vor, du hast einen Eimer, der randvoll ist. Das bedeutet, du hast so viel Selbstvertrauen, mehr passt schon gar nicht mehr rein in den Eimer. Wenn dein Eimer ganz voll ist, dann erkennen dich deine Lehrer sofort. Warum?

Mach dir aber bitte bewusst, dass es an deiner Schule auch viele Schüler gibt, die einen Eimer haben, der nicht ganz voll ist. Manche haben sogar einen Eimer, der komplett leer ist. Die haben praktisch überhaupt kein Selbstvertrauen. Du weißt nicht, was bei einigen deiner Mitschüler zu Hause abgeht...

Je leerer der Eimer eines Menschen ist, desto mehr zweifelt er an sich, desto weniger traut er sich. Vor allem wird eine Stimme in seinem Kopf immer lauter, die den ganzen Tag zu ihm spricht und die so Blödsinn sagt wie:

Kannst du nicht.
Schaffst du nicht.
Du bist nicht gut genug.
Das funktioniert eh nicht.

In eurem Alter sagt diese Stimme häufig noch so Blödsinn wie:

Ich bin zu groß. Ich bin zu klein.
Ich bin zu dick. Ich bin zu dünn.
Ich bin hässlich. Ich bin zu blöd.

Du hast diesen aufrechten Gang, den selbstbewussten Blickkontakt, du bist positiv, hilfst deinen Mitschülern, unterstützt, bist für andere da, machst andere besser und vor allem hast du eine innere Stimme in deinem Kopf, die redet den ganzen Tag überwiegend positiv mit dir und sagt so Sachen wie:

Das schaffst du.
Du bist gut.
Du kriegst das hin.
Du kannst das.

Wenn du einer der wenigen bist, dessen Eimer ganz voll ist, dann herzlichen Glückwunsch!

Wer von euch kennt diese negative Stimme im eigenen Kopf? Kommt, meldet euch mal alle, diese Stimme kennen wir doch alle. Die Frage im Leben ist nur: Welche Stimme in deinem Kopf ist stärker – die positive oder die negative?

«Jeder Mensch besitzt aber auch einen unsichtbaren Schöpflöffel»

Jeder Mensch besitzt aber auch einen solchen unsichtbaren Schöpflöffel. Immer, wenn du mit anderen Mitmenschen sprichst, mit Mitschülern und Lehrern, kannst du diesen Löffel auf eine von zwei Arten nutzen: Du kannst die Eimer anderer Menschen füllen. Ihnen Selbstvertrauen geben. Wie machst du das? Indem du ihnen positive Emotionen gibst! Ihnen helfen, sie unterstützen, einfach mal Danke sagen, jemandem in die Augen schauen und ihn ehrlich loben, anderen sagen, was dir an ihnen gefällt, warum sie deine Freunde sind oder vielleicht sogar, was du an ihnen bewunderst.

Oder aber du kannst diesen Löffel missbrauchen und die Eimer von Lehrern und Mitschülern leeren.

Wie geht das? Indem du anderen negative Emotionen gibst. Du respektierst deine Lehrer nicht, du passt nicht auf, du hörst nicht zu, du meinst, du kannst schon alles und bist so cool, dass du nach jeder Stunde erst einmal auf die Toilette musst, um eine Runde Eiswürfel zu pinkeln.
Du ärgerst deine Mitschüler, machst sie fertig, verbreitest Lügen, lachst über andere, mobbst, schlägst... was auch immer. Du kennst genügend Beispiele. Und du weißt genauso wie ich, dass es in jeder Klasse zwei bis drei Schüler gibt, die den ganzen Tag lang nichts besseres zu tun haben, als die Eimer von Lehrern und Schülern zu leeren.

Wisst ihr, warum die das machen? Weil sie glauben, wenn sie andere fertig machen, dann sehen sie selbst besser und größer aus. Das ist ein riesiger Irrtum!

Wenn du nämlich den ganzen Tag nur Eimer von Schülern und Lehrern leer machst, dann ist irgendwann dein eigener Eimer leer und mit dir will keiner mehr so wirklich etwas zu tun haben. Das ist besonders gefährlich in Situationen, in denen du mal dringend Hilfe von anderen brauchst. Die brauchen wir alle an einem bestimmten Punkt in unserem Leben.

Eine der wertvollsten Fähigkeiten im Leben ist daher, die Eimer anderer Menschen immer zu füllen.

Wie machst du das am besten? Indem du andere ehrlich lobst, ihnen sagst, was dir an ihnen gefällt, was sie gut machen, ihnen hilfst, wenn sie Hilfe brauchen. Für sie da bist. Oder wenn sie mal am Boden sind, ihnen Mut machst. Ermutigung ist ein riesiger Eimer-Füller.

So, jetzt schau mal bitte ganz heimlich, wer sitzt denn so rechts von dir? Und wer sitzt links von dir? Wer sitzt hinter dir? Wer sitzt vor dir?
Jetzt denkst du dir bestimmt: Stimmt, Christian, hier sitzen jede Menge Mitschülerinnen und Mitschüler, die haben mir schon oft geholfen, denen bin ich für vieles dankbar, die haben tolle Stärken, das sind meine besten Freunde... Aber wann hast du denn das letzte Mal diesen Leuten in die Augen geschaut und ihnen das ganz offen und ehrlich gesagt? Wann hast du ihren Eimer mit Selbstvertrauen gefüllt?

Genau dazu habt ihr jetzt alle die Möglichkeit.

CHRISTIAN/BISCHOFF 12|35

Dein Eimer voller Selbstvertrauen

Jeder Mensch besitzt einen unsichtbaren Eimer. Wir können unser volles Potenzial ausschöpfen, wenn unsere Eimer überlaufen – und wir bringen keine Leistung, wenn sie leer sind.

Jeder Mensch besitzt zusätzlich einen unsichtbaren Schöpflöffel. In jeder zwischenmenschlichen Interaktion können wir diesen entweder benutzen, um unsere Eimer gegenseitig zu füllen oder zu leeren.

Immer wenn wir uns dafür entscheiden, den Eimer eines anderen Menschen zu füllen, füllen wir gleichzeitig auch unseren eigenen.

www.der-positive-unterschied.de

Bitte legt alles hin und steht auf! Auch die Lehrer! Alle aufstehen. Wenn du jetzt gleich das Signal LOS hörst, gibt es drei Minuten in diesem Raum kein Halten mehr. Du kannst hingehen, wo auch immer du hingehen willst und zu wem du gehen willst.

Die Lehrer gehen mal bitte zu so vielen Kolleginnen und Kollegen wie möglich. Ihr geht bitte zu so vielen Mitschülerinnen und Mitschülern wie möglich. Schaut ihnen in die Augen und sagt ihnen mal ganz offen und ehrlich, was dir an ihnen gefällt, wofür du ihnen dankbar bist, warum sie deine Freunde sind, was du an ihnen bewunderst... Und gehe auch mal zu deinen anwesenden Lehrerinnen und Lehrern, wenn du denen ehrlich ein Kompliment machen möchtest!
1,2,3... LOS!

Danke, bitte nehmt ganz schnell wieder Platz. Ich muss jetzt mal ernst mit euch reden... Bitte ganz schnell wieder Platz nehmen!

Wer von euch hat in diesen drei Minuten etwas gehört, dass seinen Eimer zumindest etwas mit Selbstvertrauen gefüllt hat?

Wenn du auf andere zugegangen bist und denen ein ehrlich gemeintes Kompliment gemacht hast, dann hast du garantiert auch etwas gehört, was dir gefallen hat. Oder was dich überrascht hat. Aber ich habe mal eine offene und ehrliche Frage an euch: Wer von euch findet diesen Vortrag gut oder hilfreich?

Ok, das sind fast alle. Vielen Dank. **Aber warum kommt keiner von euch zu mir und lobt mich?**

Auf drei alle mal eine Runde Mitleid für mich: 1,2,3... ohhhhhhhhhh... Etwas intensiver bitte: 1,2,3... ohhhhhhhhhh... Danke!

Ich erkläre euch, warum keiner von euch auf mich zugekommen ist. Ist dir aufgefallen, was ich WÄHREND der Lobrunde gemacht habe?

Das Startsignal kam: 1,2,3... LOS... Und in diesem Moment habe ich mich sofort mit dem Rücken zu euch gedreht, auf den Boden geschaut, so getan, als müsste ich an meinem Computer und am Flipchart etwas arbeiten und habe euch ignoriert. Sprich: **Ich habe euch während der gesamten Lobrunde die kalte Schulter gezeigt.**

Das Ergebnis ist, dass keiner von euch auf die Idee gekommen ist, zu mir zu kommen und mich zu loben oder mir zu danken.

Dahinter steckt eine wichtige Lebensweisheit:
Warte du NIE im Leben, bis andere Menschen auf dich zukommen, sondern mach du IMMER den ersten Schritt. Das heißt, wenn du gerne mehr gelobt werden möchtest, dann lobe zuerst andere.

Wer von euch möchte mal sehen, wie ein Lehrer in eurem Klassenzimmer sprichwörtlich rückwärts aus seinen Schuhen kippt? Ok, ich verrate es euch. Voraussetzung ist, dass ihr ehrlich seid.

Denn den Selbstvertrauen-Eimer von anderen zu füllen, hat immer mit Ehrlichkeit zu tun…

Diese Woche, wenn du mal wieder eine Unterrichtsstunde hast, die dir richtig gut gefällt, renn danach nicht sofort aus dem Klassenzimmer, wie du das sonst immer machst, sondern geh auf deinen Lehrer zu, gib ihm die Hand, schau ihm in die Augen, lächel ihn an und sage ganz freundlich:

«Danke für den coolen Unterricht! Hat richtig viel Spaß gemacht!»

Mittelstufe 107

«Alex, mir gefällt wie du seit über einer Stunde konzentriert aufpasst, konstant Blickkontakt zu mir hältst und dich nicht von deinen Mitschülern ablenken lässt!»

Dein Lehrer wird bildlich gesprochen vor lauter positiver Überraschung rückwärts aus seinen Schuhen kippen...

Das hat übrigens nichts mit Schleimen zu tun. Schleimen ist das oberflächliche Gerede, das ihr den ganzen Tag lang untereinander macht, wenn du zum Beispiel auf einen Kumpel zugehst und ihm sagst: Ey, Alter, du bist cool!

War das ein ehrliches Lob von mir? Richtig, du spürst, dass ich es nicht ehrlich gemeint habe.
Was aber wäre, wenn ich so auf dich zugehen würde: Wie heißt du?

Alex, mir gefällt wie du seit über einer Stunde konzentriert aufpasst, konstant Blickkontakt zu mir hältst und dich nicht von deinen Mitschülern ablenken lässt...

War das ein ehrliches Lob? Ja, ihr spürt das alle bis in die letzte Reihe in diesem Saal!
Warum? Was habe ich anders gemacht?
Genau, ich habe Blickkontakt gehalten, langsam gesprochen, gelächelt, deutlich gesprochen, mich auf Alex konzentriert und ihn respektvoll mit seinem Vornamen angesprochen.

Versteht ihr nun den riesigen Unterschied zwischen sinnlosem Geschleime und ehrlichem Lob, das den Eimer eines anderen mit Selbstvertrauen füllt?

«Wo sitzen die Klassensprecher in diesem Raum?»

Überlegt euch bitte, ob ihr heute als Klasse zu eurem Klassenlehrer geht und ihm konstruktiv Folgendes vorschlagt: Ihr hängt symbolisch in eurer Klasse einen solchen Selbstvertrauen-Eimer auf.

Der soll euch jeden Tag daran erinnern, positiver miteinander umzugehen. Einmal die Woche macht ihr für fünf Minuten eine Lobrunde zusammen mit eurem Klassenlehrer. Nur fünf Minuten, am besten am Freitag, bevor ihr alle ins Wochenende geht. So könnt ihr die Woche reflektieren.

Welche Möglichkeiten gibt es, solch eine Lob-Runde durchzuführen? Ich verrate euch nur drei, alle anderen könnt ihr euch selbst überlegen.

1. Ihr setzt euch im Kreis hin, euer Lehrer gibt eine Richtung vor. Zum Beispiel: «Rechts». Dann lobt ihr im Kreis nacheinander die Person, die rechts von euch sitzt. Jede Woche setzt ihr euch mit anderen Nachbarn zusammen.

2. Ihr klebt euch alle ein leeres Blatt auf den Rücken. Wenn euer Lehrer das Startsignal gibt, geht ihr zu so vielen Mitschülern, wie ihr wollt, und schreibt ihnen anonym das Lob auf den Zettel auf ihrem Rücken. Am Ende hat jeder von euch einen Zettel voller positiver Feedbacks.

3. Ihr baut euch einen Holzkasten, jeder hat ein Fach. Immer, wenn dir etwas Positives auffällt, schreibst du der Person das auf einen Zettel und legst den Zettel in sein Fach.

Es gibt noch etliche andere Möglichkeiten. Seid kreativ und denkt mal in Ruhe darüber nach!

Wenn ihr diese Lobrunde als Klasse beginnt, wird euch auffallen, dass ihr euch in den ersten vier Wochen ziemlich schwer damit tut. Auch loben muss man erst üben! Wir werden von der Gesellschaft so darauf trainiert, immer nur das Schlechte, den Fehler und das Negative zu sehen, dass uns das Gute häufig gar nicht mehr auffällt. Das heißt, du musst deinen Blick schulen. Nach vier Wochen Eingewöhnungszeit wird das Ganze aber so gut laufen, dass du auf diese wöchentliche Lobrunde nicht mehr verzichten möchtest, weil du dich damit viel besser fühlst.

Ich habe einen Basketball-Trainerkollegen, der ist Lehrer an einer Hauptschule. Als ich ihm das Konzept vom Selbstvertrauen-Eimer vorgestellt habe, hat er zu mir gesagt: «Christian, das würde bei uns nicht funktionieren!» Ich habe zu ihm gesagt: «Probiere es ein Schuljahr aus, dann reden wir weiter.»

Zu Beginn des neuen Schuljahres hat er die schlimmste Klasse der Schule als Klassenlehrer bekommen. Am ersten Schultag ist er mit einem Selbstvertrauen-Eimer in die Klasse gegangen und hat allen das Konzept erklärt. Freitag, 6. Stunde, direkt vor dem Wochenende war jede Woche die Lobrunde.

In der ersten Woche hat die Hälfte der Klasse nicht mitgemacht. Vor allem die Jungs… Die fanden das blöd und uncool. Aber der Lehrer hat es mit dem Rest der Klasse durchgezogen.

Nach vier Wochen war auf einmal die ganze Klasse dabei. Warum? Die coolen Jungs haben gemerkt, dass sich die anderen positiv verändert haben, und wollten das Lob auch haben. Doch einige haben beim Loben immer noch angefangen zu lachen, weil ihnen das Selbstvertrauen etwas gefehlt hat. Der Lehrer hat es aber weiter gemacht.

Bis zum Halbjahr lief die Lobrunde wie geschmiert und war das Highlight der Schulwoche, auf das sich alle die ganze Woche gefreut haben. Dann hat der Lehrer im zweiten Halbjahr ein Experiment gemacht. Am Freitag um Viertel vor eins, 15 Minuten, bevor die Stunde vorbei war, hat er seine Klasse angeschaut und gesagt: «Wir sind fertig. Ihr dürft gehen. Schönes Wochenende!»

Keiner der Schüler ist aufgestanden...

«Herr Keil, unsere Lobrunde fehlt», haben die Ersten gesagt. Mittlerweile war die Lobrunde für die Schüler so wichtig geworden, dass sie darauf nicht mehr verzichten wollten.

«Die coolen Jungs haben gemerkt, dass sich die anderen positiv verändert haben, und wollten das Lob auch haben!»

Ihr seht jetzt einmal hier die komplette Pyramide.
Ich stelle dir ganz kurz zwei Möglichkeiten vor, wie du dich intensiver mit dieser Thematik beschäftigen kannst.

Ich habe ein Buch dazu geschrieben:
«Motivational Moments – 50 Kurzgeschichten zum Nachdenken und Handeln». Jede Geschichte vermittelt eine wichtige Lebenseinstellung für dein Leben. Wenn du jeden Tag nur eine Geschichte liest und dich nach jeder fragst: Wie kann ich das Gelernte auf mein Leben übertragen, dann denkst du in 50 Tagen viel positiver als heute und bist noch entschlossener, deine Ziele anzupacken.

Wenn du in deinem Leben etwas erreichen möchtest, wenn du wirklich durchstarten willst, wenn du nicht im Mittelmaß versinken möchtest, dann komm zum **Jugend-LIFE-Day**.

Der Jugend-LIFE-Day ist ein eintägiges Seminar für Jugendliche im Alter von 12–18 Jahren. Du lernst dort ganz intensiv, was du brauchst, um im Leben nach der Schule durchstarten zu können. Informationen zu diesem außergewöhnlichen Event findest du unter: **www.jugend-life-day.com**

Lass uns zum Abschluss über das Thema Glück sprechen. Die Spitze der Pyramide.
Ich war einmal an einem Gymnasium in Leverkusen. Am Ende des Vortrags kam ein Mädchen aus der 9. Klasse auf mich zu, schaute mich an und meinte: Christian, der Vortrag war ja gut, aber... Wie werde ich glücklich im Leben? **Ich möchte gerne glücklich sein, aber ich bin so unglücklich, ich bin den ganzen Tag unglücklich, mir geht es so schlecht...**

Als das Mädchen fünfmal wiederholt hatte, dass sie unglücklich sei, fing sie an zu weinen. In diesem Moment wurde mir klar, dass wir frühzeitig im Leben lernen und verstehen müssen, was Glück ist.

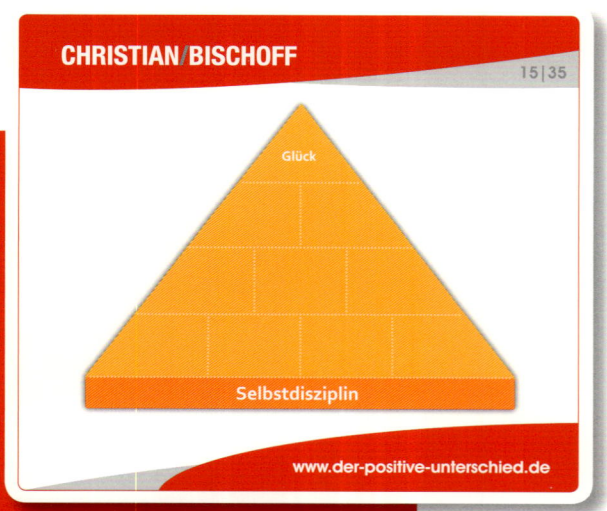

Ich erkläre es dir an einem persönlichen Erlebnis: Ich war vor kurzem auf einem Seminar in Australien. 3000 Menschen aus der ganzen Welt nahmen an dem Seminar teil. Es dauerte sechs Tage. Wir waren in einem riesigen Raum, der sehr kühl war. Das Seminarhotel lag direkt am schönsten Strand von Australien: Surfers Paradise. Draußen hatte es die ganze Woche 40 Grad und keine Wolke am Himmel. Am fünften Tag des Seminars sagte ich zu mir: Morgen gehe ich an den Strand zum Baden!
Am Abend des fünften Tages lernte ich einen Kanadier kennen. Der Mann war ungefähr zwanzig Jahre älter als ich. Als ich ihm von meinem Plan erzählte, morgen

«In diesem Moment wurde mir klar, dass wir frühzeitig im Leben lernen und verstehen müssen, was Glück ist!»

den letzten Tag des Seminars sausen zu lassen, um an den Strand zu gehen, schaute er mich an und sagte ernst zu mir: «Christian, morgen kannst du nicht zum Baden gehen!» Ich: «Warum?» Er: «Morgen kommt ein Mann auf die Bühne, den musst du sehen!»

Hm... Ich habe mittlerweile gelernt, dass wenn ein älterer Mensch dir einen gut gemeinten Tipp gibt, hör drauf! Ok, ich sitze also auch am sechsten Tag im kalten Seminarraum. Ich sitze in der zweiten Reihe ganz vorne, weil ich weiß, dass irgendetwas Besonderes passieren wird.
Gegen Mittag kommt ein Mann auf die Bühne. Der Mann heißt Nick. Nick ist 25 Jahre alt, kommt aus Australien, spricht nur 20 Minuten zu uns.
Aber ich kann euch sagen, dass diese 20 Minuten die intensivsten Minuten meines bisherigen Lebens waren.

Nicks Botschaft war ganz einfach: Wenn du im Leben einmal einen Rückschlag hast oder hinfällst, musst du nur wieder aufstehen. Aber eines Tages wird jeder Mensch einen so großen Rückschlag erleiden, dass er glaubt, nicht mehr die Kraft zu haben, um wieder aufzustehen. Aber du hast die Kraft immer, wenn du nur wirklich willst.

Nick hat alle im Raum beeindruckt mit seiner positiven, energiegeladenen Art, denn Nick ist ein ganz besonderer Mensch: er ist ohne Arme und Beine auf die Welt gekommen. Zu Schulzeiten wurde er ausgelacht, als Kind wollte er nicht mehr leben, doch er hat gelernt, eine positive Einstellung zu entwickeln. Er hat sein Studium beendet und ist heute einer der gefragtesten Redner weltweit.

Seine beiden beeindruckenden Lebenseinstellungen:

1. Ich habe keine Arme und keine Beine, trotzdem erreiche ich meine Ziele.
Sein größter Wunsch war immer, um die Welt reisen zu können und die ganze Welt zu sehen. Da er sich in einen außergewöhnlich guten Redner entwickelt hat, reist er heute nur noch um die ganze Welt, weil er überall auf der Welt gebucht wird. Ziel erreicht!

2. Ich habe keine Arme und keine Beine, trotzdem bin ich glücklich.

Ob du glücklich bist oder nicht, entscheidest du ganz alleine. Wie machst du das?
Indem du dich jetzt in diesem Moment darauf konzentrierst, was du hast! Dass du gesund bist, an all das Schöne in deinem Leben denkst.
Wenn du in die Vergangenheit schaust, denk mal nur an die Momente, in denen du glücklich warst. Du wirst merken, dieses Glück kommt sofort zu dir zurück. Wenn du in die Zukunft schaust, denke vor allem an die Dinge, die dich mit Kraft und positiven Emotionen erfüllen, z. B. deine Ziele.
Glück ist eine Emotion, die du selbst machst. Keiner kann dich unglücklich machen, außer du lässt es zu. Kein Mensch kann dich dauerhaft glücklich machen, außer du selbst!

Ok, jetzt sage ich dir, was es mit dem roten Stirnband auf sich hat. Ganz einfach. Zwei Dinge:

1. In acht Wochen wissen die meisten von euch nicht mehr, wie ich heiße. Aber ihr werdet euch ganz lange an die Veranstaltung mit dem Typen mit dem roten Stirnband erinnern. Damit wirst du die Veranstaltung und das, was wir besprochen haben, viel länger in Erinnerung behalten.

2. Am Anfang des Vortrags sind 90% von euch in diesen Raum gekommen, haben mich eine Sekunde angeschaut und sich sofort gedacht: Oh mein Gott, was ist denn das für ein Clown?! Ihr habt euch sofort ein Vorurteil gebildet und wart erst mal skeptisch. Am Ende des Vortrags denken sich die meisten: Hey, der Typ ist ganz in Ordnung. Warum? Jetzt hast du mich als Menschen zwei Stunden kennengelernt, jetzt interessiert dich das Aussehen nicht mehr.

Die Botschaft für dich ist ganz einfach:
Es ist egal, wie du aussiehst. Es gibt kein zu groß, zu klein, zu dick, zu dünn, zu hässlich, falsche Hautfarbe, falsche Nationalität. Es ist vollkommen egal, wie du aussiehst und woher du kommst. Das wird nichts mit deinem Lebenserfolg zu tun haben. Das Einzige, was langfristig zählt, ist dein Charakter und deine Persönlichkeit. Wenn du nur diese Pyramidenbausteine, die wir besprochen haben, in deinen Charakter einbaust und täglich für alle sichtbar lebst, wirst du ein Mensch werden, der Erfolg magisch anzieht.

Und wenn dich das nächste Mal in der Schule mal wieder ein Mitschüler aufzieht und zu dir sagt: Lulatsch! Brillenschlange! Depp! Ignoriere es, klopf dir selbst auf die Schulter und sage laut zu dir:
Ich bin ok so, wie ich bin.

Das wollen wir zum Abschluss alle einmal gemeinsam machen: Bitte greife mit deiner linken Hand an dein rechtes Handgelenk.
Führe deine rechte Hand über deine linke Schulter... Jetzt klopf dir mal fest auf die Schulter und sage laut zu dir: **Ich bin ok so, wie ich bin.**

Komm, mit etwas mehr Überzeugung, das ist doch so schön.

Ich hoffe, ich konnte euch ein bisschen helfen. Ich danke dir für deine Aufmerksamkeit und wünsche dir alles Gute für dein Leben!

«Wenn dich das nächste Mal jemand aufzieht, ignoriere ihn, klopfe dir auf die Schulter und sage zu dir: Ich bin ok so, wie ich bin!»

«Ich danke dir für deine Aufmerksamkeit und wünsche dir alles Gute für dein Leben!»

Guten Morgen! Wir beginnen gleich mit ein paar Fragen und ich bitte dich, dich zu melden und ganz laut und deutlich mit Ja zu antworten, wenn du die Frage bejahen kannst.
Erste Frage: Bist du freundlich?

«Ja!» «Ja!» «Nein!»
«Nein!» «Ja!»
«Ja!» «Ja!» «Nein!»
«Nein!» «Ja!»

Hm, das ist nicht überzeugend!
Wir probieren es anders. Zweite Frage: Passt du gut auf, wenn deine Lehrer dir etwas erklären?

«Nein!» «Nein!» «Nein!»
«Nein!» «Nein!»
«Nein!»

Wenigstens seid ihr ehrlich. Dritte Frage: Bist du bereit, in den nächsten zwei Stunden jede Menge Spaß zu haben?

«Ja!» «Ja!» «Ja!» «Ja!»
«Ja!»
«Ja!»

«Ja!» «Ja!»
«Ja!»

124 Oberstufe

«Letzte Frage, und jetzt die Jungs in diesem Raum bitte einmal ganz offen und ehrlich sein: Bist du sexy?»

Vor kurzem war ich an einem großen Gymnasium. Kommt ein Schüler händchenhaltend mit seiner Freundin in den Vortragsraum rein, ganz stolzgeschwellte Brust. Man erkennt genau, seine Körpersprache drückt aus: Leute seht her, ich hab schon eine. Hast du auch schon eine?

Er setzt sich mit seiner Freundin in die erste Reihe. Ich stell die Frage: Bist du sexy? Der Junge meldet sich ganz selbstbewusst und schreit: ja, hier! Seine Freundin fängt zu lachen an und sagt: Bist du dir da sicher?

Die entscheidende Frage im Leben ist aber nicht, wie sexy bist du vom Aussehen, weil das vergeht, je älter du wirst. Denk an deine Großeltern. Die entscheidende Frage im Leben ist, wie sexy sind dein Charakter und deine Persönlichkeit?

Genau darüber wollen wir heute sprechen.

«Die entscheidende Frage im Leben ist: Wie sexy ist deine Persönlichkeit?»

Schaut mal, wir machen das diese zwei Stunden ganz einfach. Ich bin der Christian. Wir duzen uns. Du brauchst nicht «Sie» zu mir zu sagen. Auch am Ende, wenn du noch Fragen hast, kommst du einfach zu mir und sagst «Du».

Während eure Schulleitung mich vorgestellt hat, habe ich euch beobachtet. Ich sehe hier jede Menge attraktive junge Damen im Publikum, die leider gerade in einer ganz unvorteilhaften Körperhaltung in ihrem Stuhl sitzen.

Verschränkte Arme. Fragender Blick. Sie runzeln die Stirn, schauen mich ganz skeptisch an und denken sich voller Vorurteile: Christian, wie scheiße siehst denn du aus? Warum hast du denn dieses blöde Stirnband auf dem Kopf?

Offen und ehrlich: Wer von euch denkt sich gerade so etwas oder etwas Ähnliches?

Zerbrich dir über das Stirnband bitte mal nicht den Kopf, du wirst es später erfahren. Das hat eine ganz wichtige Bedeutung – auch für dich!

Ok, fangen wir an. Disziplin ist etwas Gutes, richtig? Wer von euch sagt: Christian, nein, ich finde, dass Disziplin etwas Negatives ist?

Genauso geht das an jeder Schule: Da meldet sich ein Schüler von mehreren hundert und dann sieht er, dass sich kein anderer meldet. Seine Reaktion: «Och, ich wollt nur mal gähnen. Ich bin müde, so früh am Morgen.»

Oberstufe 127

«Selbstdisziplin»

Wir sprechen heute über das eigene Leben, und zwar über die ganz einfachen Eigenschaften, die du brauchst, um im Leben etwas erreichen zu können. Wir machen das ganz einfach bildlich mit einer Pyramide. Die «Mach-den-positiven-Unterschied»-Pyramide. Das ist eine Pyramide, die steht auf einem ganz stabilen Boden, und auf diesen Boden kommen dann insgesamt zehn Bausteine.

Das Wichtigste ist aber zuerst der ganz stabile Boden. Warum? Wir tun jetzt mal so, als wären keine Lehrer hier im Raum. Wer von euch sagt: «Christian, wenn ich erwachsen bin, dann hätte ich gerne mal mein eigenes Traumhaus.»
Stell dir vor: Eines Tages, du nimmst all deine Zeit, all deine Kraft, all deine Energie und all dein Geld und du baust dieses Traumhaus. Dann ist das Haus eines Tages fertig. Du stehst vor deinem Haus und du freust dich wie ein Schnitzelkönig, denn das Haus sieht genau so aus, wie du es immer haben wolltest. Leider hast du einen Fehler gemacht: Du hast das Haus direkt auf dem Sand am Meer gebaut. Was passiert beim ersten Unwetter?

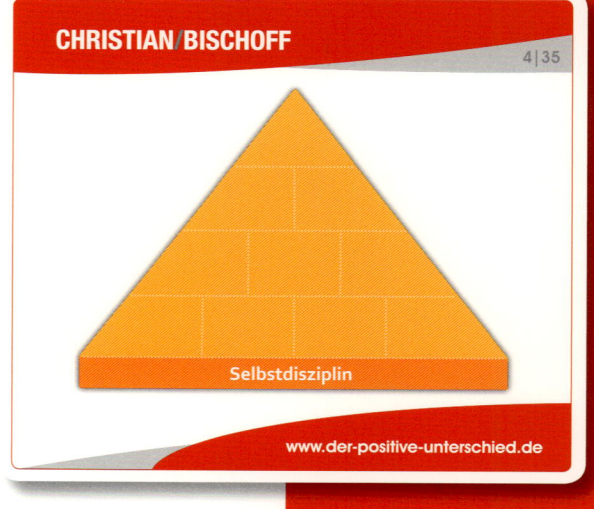

Das Wasser kommt, geht in den Sand rein, unterspült dein Haus und dein Haus ist weg.
Du brauchst doch einen ganz festen Boden, auf den du dieses Haus baust, damit das Haus auch bei Unwetter fest stehen bleibt. Das Fundament.
Genauso wie du dieses Fundament für dein Haus brauchst, damit es stabil stehen bleibt – genauso brauchst du ein Fundament für dein Leben.
Und dieses Fundament im Leben ist immer die Disziplin: die Selbsdisziplin.

«Selbstdisziplin bedeutet ganz einfach: das zu tun, was du tun musst, in dem Moment, in dem du es tun musst.»

Wer von euch macht Sport?
Egal, welche Sportart du machst, wenn du jeden Tag für dich 15 Minuten übst, auch wenn kein Training ist, dann wirst du in 10 Jahren richtig gut sein.

Wer von euch spielt ein Instrument?
Hier gilt das Gleiche: Übe dein Instrument jeden Tag 15 Minuten und du gehörst in 10 Jahren zu den besten 5%. Unser Schulband-Lehrer hat mal zu uns gesagt: Wenn du einen Tag in der Woche dein Instrument nicht übst, dann merkst du es selbst. Wenn du zweimal in der Woche nicht übst, dann merkt es dein Publikum.

«Wer von euch macht Sport? Wer spielt ein Instrument?»

> «Disziplin bedeutet: Das zu tun, was du tun musst, in dem Moment, in dem du es tun musst!»

Disziplin bedeutet ganz einfach immer nur Folgendes: Das zu tun, was du tun musst, in dem Moment, in dem du es tun musst.

Das ist nichts Schlechtes, sondern der Schlüssel zu allen Erfolgen im Leben. Das zu tun, was du tun musst, in dem Moment, in dem du es tun musst.
Jetzt fragst du dich: Christian, was bedeutet das?
Kein Problem, wir erklären uns diese Definition anhand eines Beispiels. Denk dich mal bitte in dieses Beispiel hinein.

Stell dir vor, letztes Schuljahr, letzter Schultag vor den Sommerferien. Du freust dich seit Wochen auf die Sommerferien und bekommst von deinem Klassenlehrer dein Jahreszeugnis. Und du gehst mit deinem Jahreszeugnis wie ein stolzer Hahn nach Hause. Zu Hause setzt du dich an deinen Schreibtisch, holst dein Jahreszeugnis raus und schaust es zum ersten Mal in Ruhe ganz offen und ehrlich an. Und nehmen wir an, du siehst lauter 3er und 4er.

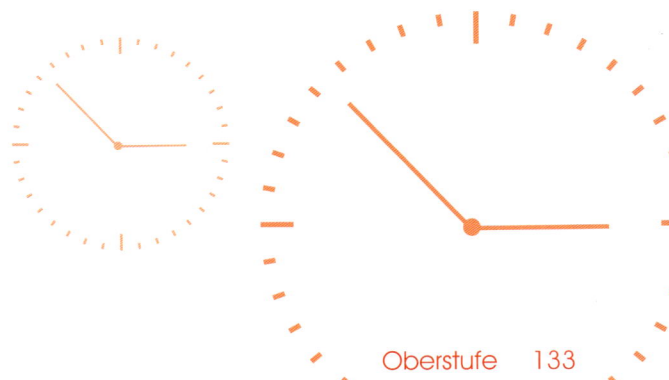

Der Schüler hier vorne denkt sich jetzt: Passt doch! Neulich hat ein Schüler reingerufen: Christian, ich wünschte, das wär mein Zeugnis!

Aber nehmen wir mal an, du siehst lauter 3er und 4er, und in dem Moment, in dem du das siehst, bist du mal ganz offen und ehrlich zu dir und denkst dir: Kann doch eigentlich nicht sein – ich weiß, ich bin besser. Ich weiß, ich könnte mehr.
In diesem Moment triffst du eine Entscheidung und schwörst dir: Schluss mit diesem Mittelmaß. Ende dieses Schuljahrs bin ich in mindestens zwei Fächern eine Note besser. Das ist dein Ziel. Du weißt auch, um dieses Ziel zu erreichen, musst du etwas tun. Du musst jeden Tag zehn Minuten konzentriert mehr lernen. Nicht länger, das ist übertrieben. Rechne doch nur mal: 10 Minuten pro Tag, das ist über eine Stunde zusätzlich jede Woche.

«Schluss mit diesem Mittelmaß!»

«Erst lernen, dann feiern!»

Das sind über 50 Stunden in einem Jahr, das macht einen riesigen Unterschied auf ein ganzes Schuljahr.

Sei doch mal ehrlich:
Wenn du dieses Ziel jetzt erreichen möchtest, brauchst du keinen Lehrer mehr, der dir jeden Tag bildlich gesprochen verbal in den Hintern tritt. Alles, was du noch brauchst, ist ein bisschen Selbstdisziplin.

Selbstdisziplin bedeutet:
Das zu tun, was du tun musst. In dem Moment, in dem du es tun musst.

Also jeden Tag diese 10 Minuten mehr konzentriert lernen. In dem Moment, in dem du es tun musst. Wann lernst du denn am besten? Normalerweise zwei Möglichkeiten: für einige direkt in der Früh nach dem Aufstehen. Bevor es in die Schule geht. Für die meisten aber nach der Schule, nach dem Mittagessen und nach einer kurzen Pause. Und dann nachmittags nicht sagen: Och, ich geh jetzt mit Freunden weg und mach Party, ich lern heut Nacht um 12. Machst du eh nicht, du Lügner, mach es gleich.
Erst lernen, dann feiern!

Wir malen ein Bild, damit du das Ganze besser verstehst. Stell dir Folgendes vor: Jeder Mensch auf dieser Welt besitzt bildlich gesprochen so eine Flasche voller Wasser.

Das Wasser in der Flasche steht für deine Talente und Stärken im Leben. Es ist wissenschaftlich erwiesen, dass jeder Mensch zwischen drei bis fünf herausragende Talente und Stärken in seinem Leben besitzt. In irgendeinem Lebensbereich. Lass dir bitte, nie, nie, NIE von einem Erwachsenen erzählen, dass das nicht stimmt.

JEDER von euch hat diese Talente. Das Problem ist vielmehr, wie die meisten Menschen mit ihren Talenten im Leben umgehen. Die meisten behandeln sie nämlich so:

«Die meisten Menschen verschwenden bildlich gesprochen tagtäglich ihre wertvollen Talente, weil sie keine Disziplin haben!»

Das Wasser kann ich nicht mehr trinken oder sinnvoll nutzen, das Wasser ist verschwendet. Was brauche ich denn, um dieses Wasser auffangen und sinnvoll nutzen zu können?

Eimer, Behälter... Vor kurzem hat ein Schüler in München reingerufen: Bierkrug! Der kam wohl direkt vom Oktoberfest. Ein normales Glas reicht auch. Jetzt kann ich das Wasser auffangen und sinnvoll nutzen.
Das Wasser steht für deine **Talente** in deinem Leben, die jeder von euch besitzt. Das Glas steht für die **Selbstdisziplin**.

Ich habe diesen Versuch meinen Spielern beim Basketball regelmäßig gezeigt und ihnen immer das Gleiche erklärt: Lieber hast du doch ein Leben lang eine Flasche, die nicht ganz voll ist mit Wasser. Das heißt, du hast nicht ganz so viel Talent wie manch anderer aus deiner Klasse. Du schreibst nicht die gleichen guten Noten. Das ist nicht schlimm. Du musst nicht überall der Beste sein, das ist eine blöde Gesellschaftslüge.

Wenn du aber ein Leben lang mit einem Glas durchs Leben gehst, d. h. du hast die Selbstdisziplin, jeden Tag etwas dafür zu tun, um deine Ziele zu erreichen, dann wirst du fast immer mehr erreichen als jemand aus deiner Klasse, der eine volle Flasche Wasser hat, d. h. Talent ohne Ende, aber kein Glas, keine Selbstdisziplin.

Wir glauben immer gerne, dass das Talent das Entscheidende im Leben ist. Das stimmt nicht. **Entscheidend im Leben ist immer die Selbstdisziplin.**

«Verstehe bitte so schnell wie möglich, dass es auf dein Glas, d. h. deine Selbstdisziplin, ankommt, um Talente nutzen zu können!»

Nächstes Beispiel zum Thema Selbstdisziplin:
Wer von euch kennt Dirk Nowitzki, Deutschlands besten Basketballer? Du siehst jetzt ein lustiges Foto.

Dieses Bild ist über 15 Jahre alt. Du siehst auf diesem Bild eine deutsche Basketball-Auswahlmannschaft. Ich weiß nicht, ob dir auffällt, wer der Typ mit der Nummer 12 ist, der da so mega-wichtig im Mittelpunkt steht? Genau, das bin ich. Ich gebe zu, ich stand schon immer gern im Mittelpunkt.

Erkennst du, wer der Junge mit der Nummer 14 ist, der so ganz bescheiden im Hintergrund steht?
Das ist Dirk Nowitzki. Wir waren damals so 15, 16 Jahre alt. Der Mann hier ganz links im weißen T-Shirt, das war damals einer unserer Trainer. Dieses Bild wurde gemacht, kurz bevor wir auf ein großes internationales Turnier geflogen sind. Wir haben dieses Bild am Ende unseres Lehrgangs gemacht, und ich musste anschließend dringend nach Hause. Mein Trainer fährt mich in seinem Auto zum Bahnhof, damit ich meinen Zug erwische. Mein Trainer sitzt in seinem Auto am Steuer, ich

«Erkennst du, wer der Junge mit der Nummer 14 ist, der so ganz bescheiden im Hintergrund steht?»

sitze auf dem Beifahrersitz... Ich weiß das heute noch, als wäre es gestern gewesen. Zwei Minuten, bevor wir am Bahnhof sind, schaut mein Trainer mich an und sagt zu mir: **«Christian, dieser Dirk, der Junge hat so viel Talent. Der könnte mal Bundesliga in Deutschland spielen. Aber der faule Hund schafft das nie!»**

Dirk Nowitzki mal Bundesliga in Deutschland spielen... wie bitte?

Jeder von euch, der ihn kennt, weiß, dass Dirk seit Jahren in den USA spielt und wahrscheinlich einer der fünf besten Basketballer auf der ganzen Welt ist. Aber das Interessante ist Folgendes: Damals, als wir gemeinsam in der Jugendauswahl gespielt haben... Unser Trainer hatte recht: Dirk war ein absolut fauler Hund! Das Ergebnis war, dass er damals noch nicht besser als die meisten anderen aus unserer Mannschaft war. **Aber aus irgendeinem Grund hat der Junge ein paar Wochen später sein Glas gefunden. Sprich: seine Selbstdisziplin.** Er ist dann zum Beispiel jeden Tag drei Stunden ins Training gefahren und wieder nach Hause, nur um mit seinem neuen Trainer trainieren zu können. Erst als er diese Selbstdisziplin hatte, ist er richtig gut geworden.

Jetzt denkst du dir: Christian, das ist eine beeindruckende Geschichte. Aber was hat das mit mir zu tun? Ich möchte kein Profi-Sportler werden.
Das ist in Ordnung. Aber es ist egal, ob du Dirk Nowitzki beim Basketball oder dich selbst mit deinen Zielen im Leben nimmst, in der Schule und bei deinen Hobbys. **Entscheidend ist nie dein Talent. Das Entscheidende in deinem Leben ist immer die Selbstdisziplin.**

Oberstufe 141

Wann bist du denn nur bereit, mit Selbstdisziplin an etwas dranzubleiben? Wenn es dir Spaß und Freude macht!

Du kennst das aus der Schule: Die Fächer, die dir Spaß machen, für die lernst du auch. Wenn dir ein Fach keinen Spaß macht, fällt es dir total schwer, dich diszipliniert hinzusetzen und zu lernen. Das bedeutet für dein Leben nach der Schule als Schlussfolgerung: Du musst einen Beruf finden, der dir Spaß und Freude macht. Dann kommt deine Disziplin von selbst. Dann wirst du auch richtig gut!

Wie findest du denn nun heraus, was dir Spaß und Freude macht? Das geht ganz einfach. Und zwar verstehst du das am besten anhand des Fähigkeitsgraphen. Dieser **Fähigkeitsgraph** geht von der -10 über die 0 bis zur +10. Alles, was du heute in deinem Leben kannst, kannst du auf diesem Graphen eintragen. Zur Erklärung: -10 bedeutet: Deutschlands Loser des Jahres, 0 ist absolutes Mittelmaß und +10 bedeutet: absolute Weltspitze.

Jetzt nehme ich mich als Beispiel, damit du das Ganze besser verstehst. Ich bin zum Beispiel beim Tanzen eine absolute -10!
9.Klasse, Tanzunterricht: Damals in der Schule war ich so schlecht und unkoordiniert, ich habe meiner Tanzpartnerin den kleinen Zeh gebrochen.
Als Basketballtrainer bin ich eine +8.

Jetzt hörst du ja von unserer Gesellschaft immer diesen Satz: Du musst an deinen Schwächen arbeiten.

Mir ging das damals in der 9.Klasse genauso. Ich hatte meine erste Freundin. Bildhübsches Mädchen. Die hat mich angehimmelt. War bei jedem Basketball-Spiel dabei. Doch eines Tages kam sie zu mir und hat gesagt: Christian, ich will mal mit dir in die Disko gehen und tanzen. Mit dir kann ich mich aber nicht in der Disko blicken lassen. Du tanzt ja wie ein Nashorn. Lerne zu tanzen!

Ich, verliebt wie ich war, habe voller Begeisterung drei Tanzkurse besucht, und mich um ganze 10 Punkte verbessert!

Na super, jetzt war ich im Tanzen eine 0-Nummer und damit absolutes Mittelmaß.
Was musst du im Leben machen, um im Leben richtig gut zu werden? **Du musst auf deine Stärken gehen.**
Ich zum Beispiel als Basketballtrainer: Wenn ich in den nächsten drei Jahren noch drei der weltbesten Trainer beim Training zuschaue, was die so machen. Dann lese ich noch zwanzig Fachbücher, schau mir noch zwanzig Fachvideos an, coache selbst weiter, um noch mehr Erfahrung zu bekommen. Wenn ich all das mache, verbessere ich mich in den nächsten drei Jahren vielleicht nur noch um einen Punkt... Aber dann bin ich schon eine 9 und ganz nah an der Weltspitze dran.
Das bedeutet für dich: Egal, was dir die Gesellschaft immer erzählt, der einzige richtige Satz für dein Leben ist immer:
Stärken stärken und Schwächen ...?
Managen!

Nicht schwächen! Sondern managen! So managen, dass sie für dich nicht zu einem karrierelimitierenden Hindernis werden. Ich gebe dir noch ein Beispiel dafür, damit du verstehst, was ich meine:

Vor einigen Jahren hatte ich eine Mannschaft in Bamberg, die richtig gut war. Ich war mir sicher, wir können deutscher Meister werden. Am ersten Spieltag hole ich alle Spieler zusammen und sage zu ihnen: Wenn sich jeder von euch diese Saison nur voll auf seine Stärken konzentriert, dann werden wir deutscher Meister. Ich habe ihnen also gesagt: Stärkt eure Stärken, vernachlässigt eure Schwächen.
Ich habe das damals nicht besser gewusst.
In meiner Mannschaft war ein Spieler, der ging aufs Gymnasium, in die 11.Klasse. Er war in allen Fächern gut. Nur nicht in Englisch. Da hatte er eine 5. Ich war damals sein Vorbild, er hat auf alles gehört, was ich zu ihm gesagt habe, auch auf diesen Satz:
Stärken stärken, Schwächen vernachlässigen...
Und am Ende des Schuljahres war er in Englisch auf eine 6 abgesackt und durchgefallen...
Englisch war in diesem Moment ein karrierelimitierendes Hindernis, weil er nicht ins nächste Schuljahr versetzt wurde.

Daher ist die einzig richtige Regel für dich:
Stärken stärken und Schwächen managen!
So managen, dass sie dir im Leben nicht im Weg stehen. Es ist ein Irrtum, wenn du glaubst, dass du im Leben immer an deinen Schwächen rumdoktern musst, denn dann bist du irgendwann überall nur Mittelmaß.

«Stärken stärken und Schwächen managen!»

Wie findest du heraus, was deine persönlichen Stärken sind? Vier Wege:

1. Höre auf deine innere Stimme! Meistens weißt du intuitiv schon selbst, was du gut kannst, wenn du nur mal genau in dich hineinhörst.

2. Frage dich, was du besonders gut kannst! Gibt es etwas, wofür du schon Ehrungen und Preise erhalten hast?

3. Worum beneiden dich andere?
Frage mal Menschen, denen du vertraust, was sie an dir beneiden.

4. Teste dich selbst. Mir hat das Buch «Entdecken Sie Ihre Stärken jetzt» von Marcus Buckingham sehr geholfen. Anschließend habe ich meine fünf größten Stärken im Leben gewusst und bin durchgestartet.

«Jetzt haben die meisten von euch gesagt: Christian, ich bin kein Kleinkind mehr. Ich weiß, wie wichtig Disziplin ist. Fangen wir an die Pyramide aufzubauen. Hier ist der erste Baustein: Selbstvertrauen!»

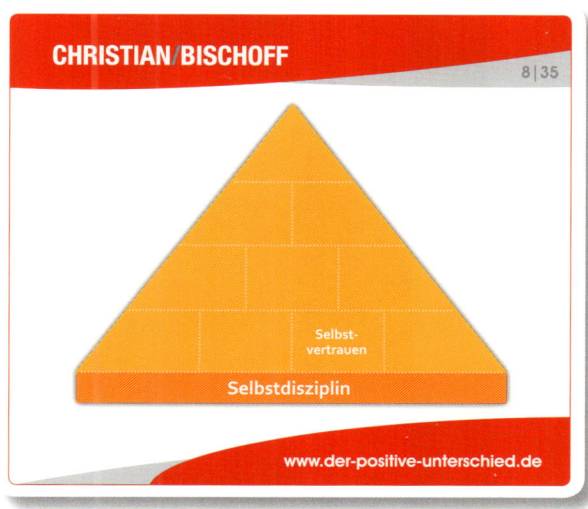

«Selbstvertrauen»

Dein Selbstvertrauen ist genauso wichtig wie deine Selbstdisziplin. Stopp, schreibt das bitte nicht auf. Stattdessen schaut mich bitte alle einmal direkt an. Bitte alle direkt zu mir schauen. Ich gebe zu, ich kann euch nicht alle gleichzeitig anschauen, aber du kannst zu mir schauen. Wenn du es schaffst, für den Rest der Veranstaltung die ganze Zeit zu mir nach vorne zu schauen, dann passieren **drei wunderbare Sachen**.

Erstens: Ganz offen und ehrlich, mir macht es viel mehr Spaß, mit euch zu arbeiten. Weil ich sehe gerade zum ersten Mal in all euren Augen euer Interesse. **Blickkontakt.** Wenn du jemanden anschaust, damit signalisierst du ihm: Mich interessiert, was du zu sagen hast. Ich bin offen und ehrlich, das ist im Moment für mich schön, ist aber noch viel wichtiger für eure Lehrer ab der nächsten Stunde.

Schaut eure Lehrer an, wenn die im Unterricht vor euch stehen! Ohne dass ihr auch nur ein Wort sagt, zeigt ihr ihnen damit: Mich interessiert, was Sie zu sagen haben. Und das motiviert jeden Menschen.

Für dich passieren aber zwei Dinge, die noch viel wichtiger sind:
Wenn du die ganze Zeit zu mir schaust, konzentrierst du dich viel besser. Du kriegst mehr mit. Du lernst schneller. Damit kommst du schneller voran.

Die dritte Sache ist die Wichtigste:
Wenn du es schon in jungem Alter schaffst, zu jedem Erwachsenen Blickkontakt zu halten, dann steigt ganz, ganz schnell dein Selbstvertrauen.
Vieles im Leben, spätestens nach der Schule, ist primär eine Frage deines Selbstvertrauens, nicht deines Notendurchschnittes.

Stell dir vor, nach der Schule bekommst du eine große berufliche Chance. Ob du die annimmst oder nicht, hängt davon ab, ob du sie dir zutraust oder nicht. Und das ist dein Selbstvertrauen. Das Interessante ist, das Selbstvertrauen eines Menschen erkennst du häufig daran, ob er anderen Menschen in die Augen schauen kann. Wenn du nach dem Vortrag aus diesem Raum gehst, achte mal für den Rest des Tages darauf, wie viele Menschen dich nicht anschauen können, wenn die mit dir reden. Die reden mit dir und schauen… weg!

Frage dich mal, wie hoch ist deren Selbstvertrauen? Du wirst eigentlich immer zum gleichen Ergebnis kommen: Ein Mensch der beim Reden keinen Blickkontakt halten kann, hat meistens ein geringes Selbstvertrauen. Hier ist das Interessante für dich: Dein Selbstvertrauen kannst du am einfachsten trainieren, indem du lernst, anderen Menschen in die Augen zu schauen.

«Wenn du es schaffst, schon in jungem Alter jedem Erwachsenen konstant in die Augen zu schauen, dann steigt ganz schnell dein Selbstvertrauen!»

Stell dir vor, ich gehe jetzt auf jemanden von euch zu, den ich nicht kenne. Ich möchte dir eine zwischenmenschliche Kommunikationsregel erklären, die die meisten Menschen missachten, weil sie sie nicht kennen. Stell dir vor, du triffst einen Erwachsenen zum ersten Mal, du bist zum Beispiel in einem Vorstellungsgespräch. Ihr lernt euch kennen, gebt euch die Hand, schaut euch in die Augen, fangt an, miteinander zu reden.
Hier ist die Regel: Wer zuerst den Blickkontakt fallen lässt, signalisiert sich selbst und seinem Gegenüber unbewusst: **Du hast mehr Selbstvertrauen als ich, du bist der Chef in dieser Beziehung.**

Das ist eine unbewusste Regel, die sich die meisten Menschen nie klar machen. Wer als Erstes den Blickkontakt fallen lässt, signalisiert seine Unterlegenheit.

Achtung! Jungs, Blickkontakt bedeutet nicht, dass du starren sollst. Sonst rufen deine Lehrer die Polizei. Blickkontakt bedeutet auch nicht, dass du den Mädels mit offenem Mund hinterherschauen sollst. Damit zeigst du nur, dass du verliebt bist. Blickkontakt heißt auch nicht, dass du mit einem künstlichen Pferdelächeln jeden bis in deinen Rachen schauen lässt. Blickkontakt bedeutet einfach: locker jeden anschauen, ihm deine Aufmerksamkeit und dein Selbstvertrauen demonstrieren und charmant lächeln.

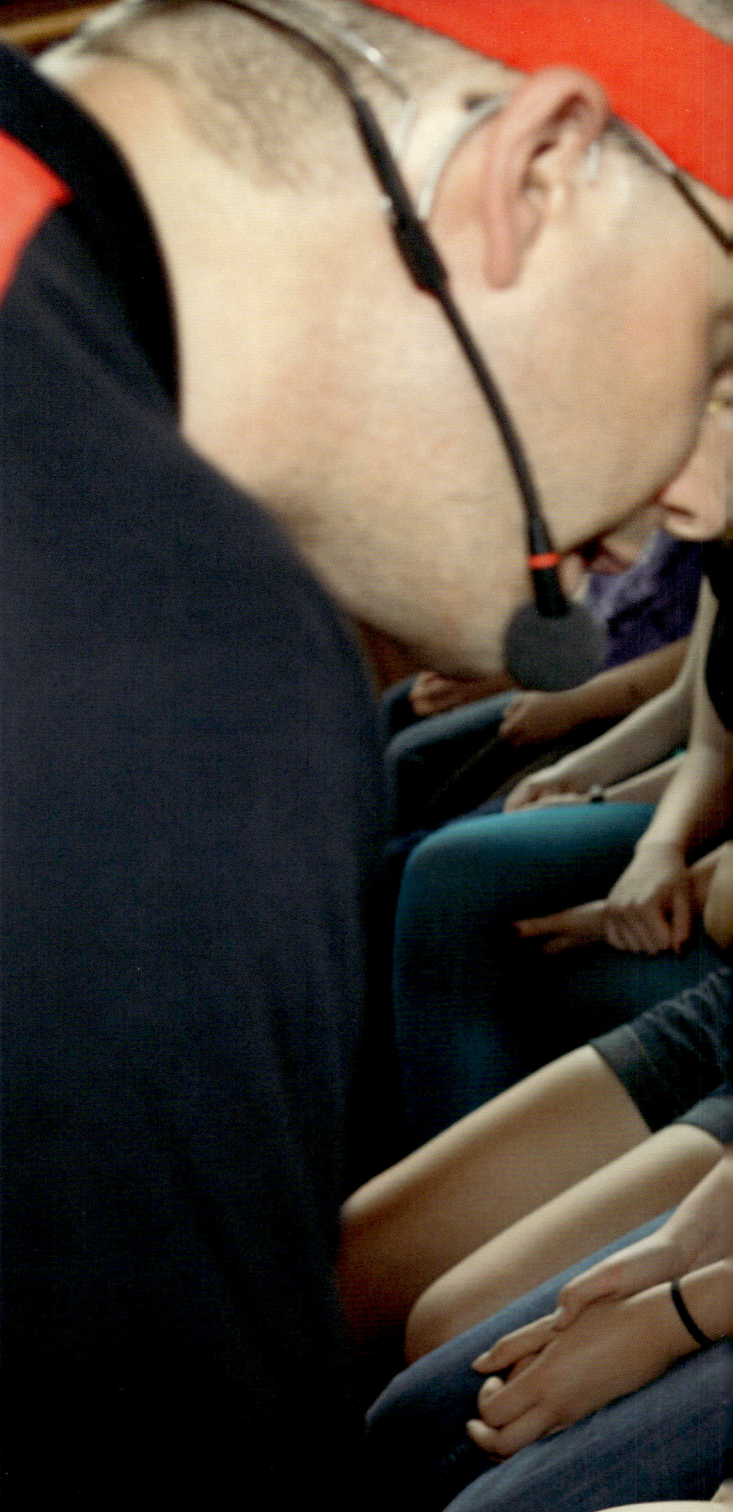

Wann bist du denn nur bereit, mit Selbstdisziplin und Selbstvertrauen Dinge anzupacken?
Wenn du persönliche Ziele hast im Leben.
Das ist der nächste Baustein: Ziele.

«Ziele»

Sprich: Wenn du also weißt, wohin du im Leben willst. Ein Mensch, der keine Ziele hat, verläuft sich im Leben. Christian Morgenstern hat schon gesagt: Wer vom Ziel nichts weiß, kann den Weg nicht haben, wird im Kreise all sein Leben traben. Menschen, die klar formulierte, persönliche Ziele haben, besitzen auf einmal eine viel höhere Eigenmotivation, weil sie wissen, wo sie im Leben hin möchten.

Deswegen machen wir jetzt Folgendes: Wir lernen, wie ich mir richtig Ziele im Leben setze. Das ist ein Workshop, der aus fünf ganz einfachen Schritten besteht. Er gibt dir die Möglichkeit, jetzt in den nächsten zwanzig Minuten deine eigenen Lebensziele zu definieren. Damit ihr alle mitmachen könnt, holt bitte alle eure Schreibunterlagen raus, und wer die hat, steht bitte auf.

Schritt Nummer 1: Schreibe fünf Erfolge auf, die du im Leben schon hattest und auf die du stolz bist. Hier geht es darum, das eigene Selbstvertrauen aufzubauen. Nur, wenn du Selbstvertrauen besitzt, bist du bereit, dir Ziele zu setzen. Ich weiß aus Erfahrung, dass viele Schüler Probleme haben, fünf Erfolge aufzuschreiben, weil sie zu kompliziert denken. **Ein Erfolg ist nichts anderes als ein Ziel, das du mal hattest und das du erreicht hast.** Wenn du in die zwölfte Klasse gehst, dann hast du schon elf Klassenerfolge gefeiert, um soweit zu kommen. Wer von euch ist in die elfte Klasse gegangen mit dem Ziel: Ich will durchfallen!
Wer von euch kann lesen und schreiben?
Wer von euch kann Fahrrad fahren?
Wer von euch hat schon einmal einen Pokal oder eine Auszeichnung gewonnen?
Zu wem von euch hat ein anderer Mensch schon einmal gesagt: Danke, dass es dich gibt und du für mich da bist?
Ihr seht, Erfolge sind Teil eures täglichen Lebens. Daher machen wir jetzt zu Beginn einen Selbstvertrauens-Test: Wie schnell bist du in der Lage, fünf deiner Erfolge aufzuschreiben? Wer fertig ist, steht bitte auf, damit wir am Ende einfach sehen, wann alle fertig sind und wir gemeinsam weitermachen können.
1, 2, 3… LOS!

Oberstufe 153

Schritt Nummer 1 war, das eigene Selbstvertrauen aufzubauen. Jetzt kommt Schritt Nummer 2, und jetzt wird es richtig cool. Du hast nämlich Zeit, deine Ziele für die nächsten 10 Jahre zu definieren. Vorher möchte ich dir zeigen, was dein größtes Machtinstrument in deinem Leben ist. Es ist dein Geist.

Bitte nehmt eure Schreibsachen mit und verteilt euch alle mal so im Raum, dass ihr, wenn ihr euren rechten Arm ausgestreckt nach vorne, nach rechts zur Seite und nach hinten dreht, nirgendwo etwas berührt. LOS!

1 2 3 Los!

Ok. Bitte nimm dein Schreibzeug in deine linke Hand. Bitte stampfe einmal mit deinem rechten und linken Fuß fest auf den Boden. Stell dir jetzt vor, du bist ein Baum, schlägst Wurzeln durch deine Füße, bist jetzt fest mit dem Boden verankert und kannst deine Füße nicht mehr bewegen. Bitte strecke deinen rechten Arm gerade nach vorn aus – Zeigefinger ausgestreckt.

Wenn du gleich das Startsignal LOS hörst, drehst du deinen ausgestreckten rechten Arm bitte einmal nach rechts um deine rechte Schulter, so weit, bis du an den Punkt kommst, an dem du sagst: weiter drehen kann ich nicht. 1,2,3… LOS!

Bitte merke dir den Punkt an der Wand, auf den dein rechter Zeigefinger jetzt zeigt.
Bitte komm wieder nach vorne in die Ausgangsposition. Du bist weiterhin mit deinen Füßen fest mit dem Boden verankert. Lass deinen Arm fallen.

Wir wollen uns bewusst machen, wie stark die Macht unserer Gedanken ist. Bitte schließe deine Augen, höre nur auf meine Stimme und stell dir vor deinem inneren Auge Folgendes bildlich vor: Du hebst den rechten Arm und streckst wie eben den Zeigefinger wieder aus. Stell es dir nur vor, nicht machen!

Stell dir vor, wie du dich wieder um deine rechte Schulter drehst, du drehst und drehst und drehst, und jetzt stell dir vor, wie du an den Punkt kommst, wo gerade eben für dich Schluss war. Nun stell dir einmal vor, wie du dich problemlos fünf Zentimeter weiter drehst.
Und noch mal fünf Zentimeter weiter. Und noch mal. Und auf einmal hast du dich viel weiter gedreht als gerade eben. Lass diesen Film bitte noch einmal vor deinem geistigen Auge ablaufen: Du hebst deinen Arm, drehst dich um die rechte Schulter, drehst problemlos über den Punkt hinaus, an dem gerade eben Schluss war... 1, 2, 3, 4, 5, 6, 7, 8, 9, 10... viele Zentimeter weiter als gerade eben.
Du schaust den neuen Punkt an der Wand an und sagst zu dir: Wow, das stimmt! Was ich mir in meinen Gedanken vorstellen kann, das kann mein Körper umsetzen und erreichen... Bitte öffne die Augen.
Streck deinen rechten Arm mit gestrecktem Zeigefinger bitte aus.
Auf das Startsignal LOS drehst du bitte einmal so weit du kannst um deine rechte Schulter. 1,2,3, LOS... !

Warum? Was ist hier passiert?
Beim ersten Versuch hattest du eine unbewusst selbst auferlegte Grenze. Du hast zu dir gesagt, dass du nicht weiter drehen kannst. Das war nicht ich oder ein Freund. Du hast das für dich entschieden. Diese unbewusst selbst auferlegten Grenzen, was wir für möglich und für unmöglich halten, haben wir alle in jedem Lebensbereich. Anschließend hast du dir vorgestellt, dass du weiter drehen kannst, und dann hat dein Körper es auf einmal umsetzen können.

So funktioniert dein gesamtes Leben. Du kannst immer nur erreichen, was du dir lebhaft vorstellen kannst. Deswegen ist es auch wichtig, groß denken zu können.

Wir machen jetzt Folgendes:
Du hast jetzt Zeit, deine Lebensziele zu definieren.
Frage dich nicht, was Mama oder Papa dir empfehlen würden oder was du heute für realistisch hältst. Denn es ist unglaublich, wie du dich in zehn Jahren entwickeln kannst, wenn du ein Ziel hast.

> «Du kannst immer nur erreichen, was du dir lebhaft vorstellen kannst!»

Frage dich:
- Was möchtest du machen, sehen, erleben, tun und genießen?
- Wie soll dein Leben aussehen, wenn du nicht scheitern könntest?
- Was machst du beruflich?
- Wo lebst du? Hast du Familie?
- Welche Hobbys hast du?
- Was willst du besitzen?

Hör auf dein Herz, es sagt dir deine Wünsche.

Damit ihr mehr Platz und Raum zum Arbeiten habt, setz dich bitte einfach genau dort jetzt hin, wo du stehst. Wenn du die zehn Ziele für dich gefunden hast, dann stehe bitte auf, damit wir sehen, wann alle fertig sind. 1,2,3… LOS!

Danke. Jetzt folgt Schritt Nummer drei, und der geht ganz schnell. Du musst priorisieren. Kein Mensch kann zehn Dinge gleichzeitig anpacken, wir haben nur die Energie, eine, zwei, maximal drei Dinge gleichzeitig zu verfolgen.

Schau bitte alle Ziele an, die du aufgeschrieben hast, und mach ein dickes Kreuz neben deine drei wichtigsten Ziele. Was sind für dich deine drei wichtigsten Ziele? 1,2,3… LOS!

Jetzt denken viele von euch bestimmt: Das wars. Jetzt habe ich es geschafft! Doch der wichtigste Schritt ist Schritt Nummer vier. Er wird gleich in den nächsten Minuten entscheiden, ob du dein Ziel erreichen wirst oder nicht, egal, ob das 3 Tage, 3 Jahre oder 10 Jahre dauert… Schritt Nummer vier ist die Antwort auf eine ganz einfache Frage: **WARUM?**

Warum willst du diese drei Dinge, die du gerade angekreuzt hast, unbedingt erreichen? Nur wenn du die Antwort auf dieses «Warum» hast, wirst du auch in schwierigen Zeiten an deinem Ziel dranbleiben. **In dem Moment, in dem ein Mensch weiß, warum er etwas unbedingt erreichen möchte, wirkt sein Ziel wie ein Magnet, der ihn jeden Tag anzieht, und er macht jeden Tag ein paar Schritte in die richtige Richtung.**

Entscheidend ist also, dass du diese Magnetwirkung mit deinen Zielen herstellst. Wie machst du das?

> «In dem Moment, in dem ein Mensch weiß, warum er etwas unbedingt erreichen möchte, wirkt sein Ziel wie ein Magnet, der ihn jeden Tag anzieht, und er macht jeden Tag ein paar Schritte in die richtige Richtung.»

Ich gebe dir ein metaphorisches Beispiel:
Schau mal bitte an die Decke. Diese Decke ist ca. 8 Meter hoch. Siehst du die Lampe da oben an der Decke? Jetzt nehmen wir mal an, die Decke wäre 20 Meter hoch und die Lampe in 20 Metern Höhe steht für eins deiner drei großen Ziele. Wer von euch ist in der Lage, innerhalb von fünfzehn Minuten an sein Ziel, die Lampe, in 20 Metern Höhe zu kommen?

So wenige? Ok, ihr versteht nicht. Ich mache es euch etwas klarer.
Stellt euch vor, ich ziehe jetzt aus meiner Hosentasche 1 Million Euro. Ich nehme dieses Geld, klebe es an die Lampe in 20 Metern Höhe. Dann schaue ich dich an und sage zu dir: Wenn du einen Weg findest, innerhalb von fünfzehn Minuten zur Lampe zu kommen, dann gehört das Geld dir und ganz alleine dir. Wer von euch würde innerhalb einer Viertelstunde da hoch kommen?

Moment mal, eben hat sich kaum einer gemeldet. Warum jetzt auf einmal fast alle?

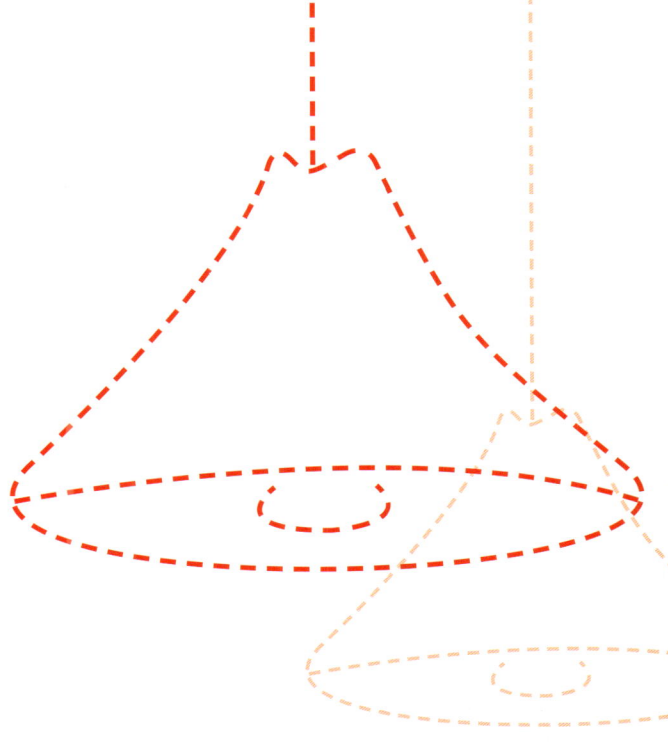

Ganz einfach: Weil das Bild des Geldes für eine kleine Änderung in eurem Kopf gesorgt hat. Zuerst habt ihr die Lampe in 20 Metern Höhe angeschaut und habt euch gefragt, ob ihr da hochkommen könnt. Das Problem ist, wenn sich ein Mensch fragt, ob etwas geht, dann gibt es immer zwei Antwort-Möglichkeiten, nämlich JA und NEIN. **Wenn du aber von Anfang an weißt, warum etwas angeblich nicht geht, dann wirst du nie voll entschlossen in Richtung deines Zieles handeln, weil du ja selbst nicht überzeugt bist.** In dem Moment, als du dir das Geld an der Lampe vorgestellt hast, hast du dich auf einmal nicht mehr gefragt, ob es geht, sondern nur noch: **WIE geht es?**

Wenn du dich fragst, WIE etwas geht, gibt es dann noch ein Scheitern? Nein! **Dann kann dein Kopf nur noch nach Lösungsmöglichkeiten suchen.**

Wann bist du bereit, dich zu fragen, WIE etwas geht? Wenn du weißt, WARUM du dein Ziel unbedingt erreichen möchtest. In der Antwort auf das WARUM liegt deine komplette Eigenmotivation im Leben verborgen. So, jetzt räumen wir auch gleich mit einem Vorurteil auf. Ich weiß, dass im Vorfeld diese Veranstaltung immer als Motivationstraining angekündigt wird. Nichts könnte weiter von der Wahrheit sein. Ich kann dich dauerhaft nicht motivieren. Wirklich nicht. Das geht nicht! Deine Lehrer können dich dauerhaft nicht motivieren. Deine Eltern auch nicht. **Der Einzige, der dich ein Leben lang motivieren kann, bist du selbst. Eigenmotivation ist die einzige echte Motivation.**

Wie findest du deine Eigenmotivation?
Indem du dir deine Ziele klar und deutlich aufschreibst und dann die Antwort auf die Frage findest, WARUM du diese Ziele unbedingt erreichen möchtest.

Deshalb machen wir jetzt Folgendes:
Schau dir bitte deine drei wichtigsten Ziele an und beantworte dir zu jedem Ziel in einem ganzen Satz, besser in einem kompletten Absatz, die Frage: Warum willst du dieses Ziel unbedingt erreichen?
Wenn die Antwort nicht so gut ist, dass du ein Kribbeln im Bauch verspürst, dann streiche dein Ziel durch. Du wirst es nicht erreichen, sondern beim ersten Widerstand aufgeben. Suche dir dann lieber ein neues Ziel, bei dem dir die Antwort auf das Warum einfacher fällt. LOS!

Ok, fünfter und letzter Schritt. Lass uns kurz wiederholen, bevor wir weitermachen. Wenn du dir Ziele setzt, dann schreibst du dir als Erstes fünf Erfolge auf. Anschließend setzt du dir mindestens zehn Ziele für die nächsten zehn Jahre. Dann suchst du dir die drei wichtigsten aus. Anschließend beantwortest du dir die Frage, WARUM du sie erreichen möchtest. Jetzt kommt der fünfte und letzte Schritt. Die Grundlage unserer «Mach-den-positiven-Unterschied»-Pyramide ist die Selbstdisziplin. **Schau deine drei Ziele an und schreibe dir zu jedem Ziel mindestens drei Dinge auf, die du ab heute jeden Tag tun kannst bzw. musst, um deine Ziele zu erreichen.** Drei Minuten Zeit! LOS!

3 Minuten Zeit LOS!

CHRISTIAN/BISCHOFF

Schritt 1 Schreibe fünf Erfolge auf, die du im Leben schon hattest und auf die du stolz bist.

Schritt 2 Definiere deine Ziele für die nächsten 10 Jahre.

Schritt 3 Du musst priorisieren: Schau bitte alle Ziele an, die du aufgeschrieben hast, und mach ein dickes Kreuz neben deine drei wichtigsten Ziele. Was sind für dich deine drei wichtigsten Ziele?

Schritt 4 Schau dir bitte deine drei wichtigsten Ziele an und beantworte dir zu jedem Ziel in einem ganzen Satz, besser in einem kompletten Absatz, die Frage: Warum willst du dieses Ziel unbedingt erreichen?

Schritt 5 Schau deine drei Ziele an und schreibe dir zu jedem Ziel mindestens drei Dinge auf, die du ab heute jeden Tag tun kannst bzw. musst, um deine Ziele zu erreichen.

www.der-positive-unterschied.de

«Entscheidend ist, was du mit dem Zettel machst! Hänge ihn an einen Ort, wo du ihn jeden Tag siehst!»

Das wars. So einfach setzt man sich Ziele. Entscheidend ist, was du mit deinem Zettel nun machst. Auf keinen Fall wegwerfen. Häng ihn an einen Ort, wo du ihn jeden Tag siehst. Lies dir deine Ziele immer wieder täglich durch. **Etwas Magisches wird passieren: Dein Unterbewusstsein wird nach Wegen suchen, wie du dieses Ziel erreichen kannst.**

Mach den Ziele-Workshop mindestens zweimal im Jahr von Neuem. Du wirst älter, und deine Ziele werden sich verändern. Einige werden wegfallen, weil du andere Interessen entwickelst. Neue werden hinzukommen. Das Leben ist ein Entwicklungsprozess. Mit Zielen legst du lediglich fest, wie du dich in Zukunft entwickeln möchtest. Deshalb bestimmst du mit Zielen deine Zukunft selbst.

Ihr seht jetzt einmal hier die komplette Pyramide.

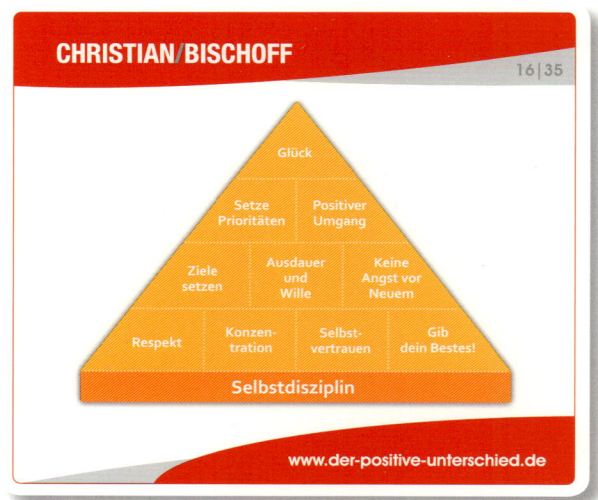

«Ihr seht jetzt einmal die komplette Pyramide!»

> «Wenn du in deinem Leben etwas erreichen möchtest, wenn du wirklich durchstarten willst, wenn du nicht im Mittelmaß versinken möchtest, dann komm zum Jugend-LIFE-Day!»

Ich stelle dir ganz kurz zwei Möglichkeiten vor, wie du dich intensiver mit dieser Thematik beschäftigen kannst.

Ich habe ein Buch dazu geschrieben:
«Machen Sie den positiven Unterschied – Die 15 Lebens-Einstellungen für beruflichen und privaten Erfolg». In diesem Buch findest du alle Bausteine der Pyramide ausführlich erklärt: Was sie bedeuten, wie du sie im Alltag nach der Schule anwendest und wie du Hindernisse und Rückschläge verarbeitest.

Wenn du in deinem Leben etwas erreichen möchtest, wenn du wirklich durchstarten willst, wenn du nicht im Mittelmaß versinken möchtest, dann komm zum **Jugend-LIFE-Day**.

Der Jugend-LIFE-Day ist ein eintägiges Seminar für Jugendliche im Alter von 12–18 Jahren. Du lernst dort ganz intensiv, was du brauchst, um im Leben nach der Schule durchstarten zu können. Informationen zu diesem außergewöhnlichen Event findest du unter: **www.jugend-life-day.com**

Lass uns zum Abschluss über das Thema Glück sprechen. Die Spitze der Pyramide.
Ich war einmal an einem Gymnasium in Leverkusen. Am Ende des Vortrags kam ein Mädchen aus der 9. Klasse auf mich zu, schaute mich an und meinte: Christian, der Vortrag war ja gut, aber... Wie werde ich glücklich im Leben? **Ich möchte gerne glücklich sein, aber ich bin so unglücklich, ich bin den ganzen Tag unglücklich, mir geht es so schlecht...**

Als das Mädchen fünfmal wiederholt hatte, dass sie unglücklich sei, fing sie an zu weinen. In diesem Moment wurde mir klar, dass wir frühzeitig im Leben lernen und verstehen müssen, was Glück ist.

Ich erkläre es dir an einem persönlichen Erlebnis: Ich war vor kurzem auf einem Seminar in Australien. 3000 Menschen aus der ganzen Welt nahmen an dem Seminar teil. Es dauerte sechs Tage. Wir waren in einem riesigen Raum, der sehr kühl war. Das Seminarhotel lag direkt am schönsten Strand von Australien: Surfers Paradise. Draußen hatte es die ganze Woche 40 Grad und keine Wolke am Himmel. Am fünften Tag des Seminars sagte ich zu mir: Morgen gehe ich an den Strand zum Baden!

Am Abend des fünften Tages lernte ich einen Kanadier kennen. Der Mann war ungefähr zwanzig Jahre älter als ich. Als ich ihm von meinem Plan erzählte, morgen den letzten Tag des Seminars sausen zu lassen, um an den Strand zu gehen, schaute er mich an und sagte ernst zu mir: «Christian, morgen kannst du nicht zum Baden gehen!» Ich: «Warum?» Er: «Morgen kommt ein Mann auf die Bühne, den musst du sehen!»

Hm... Ich habe mittlerweile gelernt, dass wenn ein älterer Mensch dir einen gut gemeinten Tipp gibt, hör drauf! Ok, ich sitze also auch am sechsten Tag im kalten Seminarraum. Ich sitze in der zweiten Reihe ganz vorne, weil ich weiß, dass irgendetwas Besonderes passieren wird.

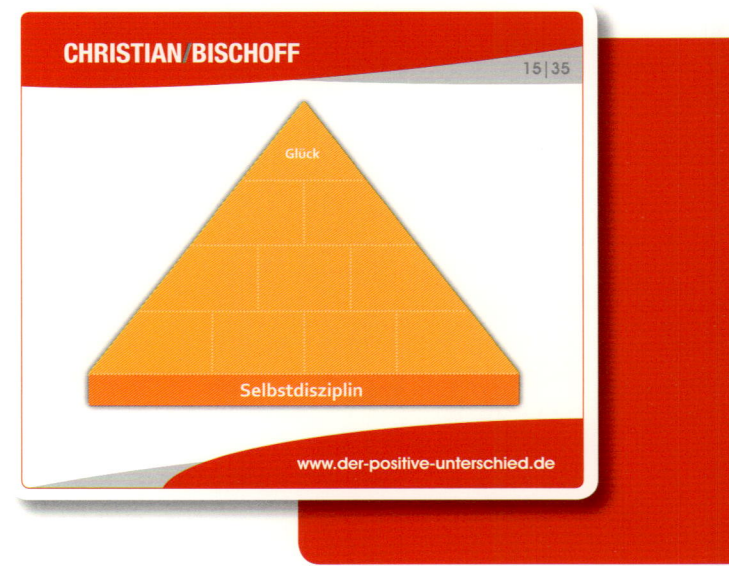

«Glück»

Gegen Mittag kommt ein Mann auf die Bühne. Der Mann heißt Nick. Nick ist 25 Jahre alt, kommt aus Australien, spricht nur 20 Minuten zu uns.
Aber ich kann euch sagen, dass diese 20 Minuten die intensivsten Minuten meines bisherigen Lebens waren.

Nicks Botschaft war einfach: Wenn du im Leben einmal einen Rückschlag hast oder wenn du hinfällst, musst du nur wieder aufstehen. Aber eines Tages wird jeder Mensch einen so großen Rückschlag erleiden, dass er glaubt, nicht mehr die Kraft zu haben, um wieder aufzustehen. Aber du hast die Kraft immer, wenn du nur wirklich willst.

Nick hat alle im Raum beeindruckt mit seiner positiven, energiegeladenen Art, denn Nick ist ein ganz besonderer Mensch: Er ist ohne Arme und Beine auf die Welt gekommen. Zu Schulzeiten wurde er ausgelacht, als Kind wollte er nicht mehr leben, doch er hat gelernt, eine positive Einstellung zu entwickeln. Er hat sein Studium beendet und ist heute einer der gefragtesten Redner weltweit.

Seine beiden beeindruckenden Lebenseinstellungen

1. Ich habe keine Arme und keine Beine, trotzdem erreiche ich meine Ziele.
Sein größter Wunsch war, immer um die Welt reisen zu können und die ganze Welt zu sehen. Da er sich zu einem außergewöhnlich guten Redner entwickelt hat, reist er heute nur noch um die ganze Welt, weil er überall auf der Welt gebucht wird. Ziel erreicht!

2. Ich habe keine Arme und keine Beine, trotzdem bin ich glücklich.

Ob du glücklich bist oder nicht, entscheidest du ganz alleine. Wie machst du das?

Indem du dich jetzt in diesem Moment darauf konzentrierst, was du hast! Dass du gesund bist, an all das Schöne in deinem Leben denkst.

Wenn du in die Vergangenheit schaust, denk mal nur an die Momente, in denen du glücklich warst. Du wirst merken, dieses Glück kommt sofort zu dir zurück. Wenn du in die Zukunft schaust, denke vor allem an die Dinge, die dich mit Kraft und positiven Emotionen erfüllen, z. B. deine Ziele.

Glück ist eine Emotion, die du selbst machst. Keiner kann dich unglücklich machen, außer du lässt es zu. Kein Mensch kann dich dauerhaft glücklich machen, außer du selbst!

«Glück ist eine Emotion, die du selbst machst. Keiner kann dich unglücklich machen, außer du lässt es zu.
Kein Mensch kann dich dauerhaft glücklich machen, außer du selbst!»

Ok, jetzt verrate ich dir noch, was es mit dem roten Stirnband auf sich hat. Ganz einfach. Zwei Dinge:

1. In acht Wochen wissen die meisten von euch nicht mehr, wie ich heiße. Aber ihr werdet euch ganz lange an die Veranstaltung mit dem Typen mit dem roten Stirnband erinnern. Damit wirst du die Veranstaltung und das, was wir besprochen haben, viel länger in Erinnerung behalten.

2. Am Anfang des Vortrags sind 90% von euch in diesen Raum gekommen, haben mich eine Sekunde angeschaut und sich sofort gedacht: Oh mein Gott, was ist denn das für ein Clown?! Ihr habt euch sofort ein Vorurteil gebildet und wart erst mal skeptisch. Am Ende des Vortrags denken sich die meisten: Hey, der Typ ist ganz in Ordnung. Warum? Jetzt hast du mich als Menschen zwei Stunden kennengelernt, jetzt interessiert dich das Aussehen nicht mehr.

Und wenn dich das nächste Mal in der Schule mal wieder ein Mitschüler aufzieht und zu dir sagt: Lulatsch! Brillenschlange! Depp!
Ignoriere es, klopf dir selbst auf die Schulter und sage laut zu dir: Ich bin ok so, wie ich bin.
Das wollen wir zum Abschluss alle einmal gemeinsam machen: Bitte greife mit deiner linken Hand an dein rechtes Handgelenk.
Führe deine rechte Hand über deine linke Schulter...
Jetzt klopf dir mal fest auf die Schulter und sage laut zu dir: **Ich bin ok so, wie ich bin.**
Komm, mit etwas mehr Überzeugung, das ist doch so schön.

Ich hoffe, ich konnte euch ein bisschen helfen. Ich danke dir für deine Aufmerksamkeit und wünsche dir alles Gute für dein Leben!

Die Botschaft für dich ist ganz einfach:
Es ist egal, wie du aussiehst. Es gibt kein zu groß, zu klein, zu dick, zu dünn, zu hässlich, falsche Hautfarbe, falsche Nationalität. **Es ist vollkommen egal, wie du aussiehst und woher du kommst. Das wird nichts mit deinem Lebenserfolg zu tun haben. Das Einzige, was langfristig zählt, ist dein Charakter und deine Persönlichkeit.** Wenn du nur diese Pyramidenbausteine, die wir besprochen haben, in deinen Charakter einbaust und täglich für alle sichtbar lebst, wirst du ein Mensch werden, der Erfolg magisch anzieht.

«Ich danke dir für deine Aufmerksamkeit und wünsche dir alles Gute für dein Leben!»

Nach der Schule

Weißt du, was die meisten Schüler machen, wenn sie die Schule hinter sich haben? Sie springen vor Freude in die Luft und rufen: «Endlich vorbei! Nie mehr lernen!»

AUTSCH!

Damit haben sie einen elementaren Fehler auf ihrer Lebensreise begangen. Denn wenn wir aus der Schule kommen, geht das Lernen erst richtig los!
Jedoch nicht Mathe, Chemie oder Physik stehen auf dem Lehrplan – sondern «Lebens-Lernen», und das ist das Beste, was uns nach der Schule passieren kann.

Ich verrate dir ein Lebensgesetz: Was nicht wächst, stirbt! Kennst du Bäume, die nicht wachsen? Ich kenne keine. Jeder Baum treibt jedes Jahr neue Äste und Blätter aus. Wenn ein Baum nicht mehr wächst, stirbt er ab.

Bei uns Menschen ist es genauso: Wenn wir nicht durch Lernen persönlich wachsen, dann sterben wir! Nicht körperlich, sondern geistig, seelisch und intellektuell. Jeden Tag verkümmert dein Potenzial ein bisschen mehr.

«Verstehe daher so schnell wie möglich, wie das Leben funktioniert.»

«Ausdauer und Wille»

In dem Moment, in dem du deine Ziele kennst, ist es wichtig, dass du mit voller Entschlossenheit ins Handeln kommst und mit Ausdauer und Willen an deiner Sache dranbleibst, egal, welche Rückschläge kommen. Du darfst einfach nicht aufgeben.

Ich möchte dir dazu eine Geschichte erzählen, was vor ein paar Jahren im Basketball passiert ist. Du hast am Anfang gehört, dass ich aus dem Basketball komme. Diese Geschichte handelt von Jason McElwain. Jason ist ein ganz normaler Junge, der auf eine Highschool in New York in den USA gegangen ist. Jason hatte ein großes Ziel: für seine Schulmannschaft Basketball spielen zu dürfen.
Du musst dazu wissen, dass in den USA Sport in den Schulen gemacht wird, nicht in Vereinen wie in Deutschland. Alle Sportmannschaften kommen aus Schulen. Alle Profiathleten haben als Jugendliche mal an Highschools und Universitäten gespielt. Das bedeutet, dass diese Schulmannschaften größtenteils sehr, sehr gut sind.

Vier Jahre lang kam am ersten Schultag sein Lehrer und Basketballtrainer zu Jason und sagte ihm: Jason, du bist leider nicht im Team. Du bist nicht gut genug.

Das war ein Grund. Der zweite Grund ist: Jason ist Autist. Autist bedeutet, Jason hat eine angeborene Störung seines Kommunikations- und Sozialverhaltens. Er spricht zum Beispiel nicht ganz sauber Englisch.

Aber Jason hatte sein Ziel, für seine Schulmannschaft spielen zu dürfen, so intensiv vor Augen, dass er einfach vier Jahre lang als Teammanager gearbeitet hat. Das bedeutet in den USA so viel wie Wasserjunge: Vor jedem Training die Halle vorbereiten, während dem Training Bälle rumpassen, Trinkflaschen austeilen, nach dem Training alles aufräumen, vor dem Spiel die Trikots austeilen, nach dem Spiel die verschwitzten Trikots einsammeln, waschen und während des Spiels auf der Bank in Zivilkleidung sitzen und anfeuern.

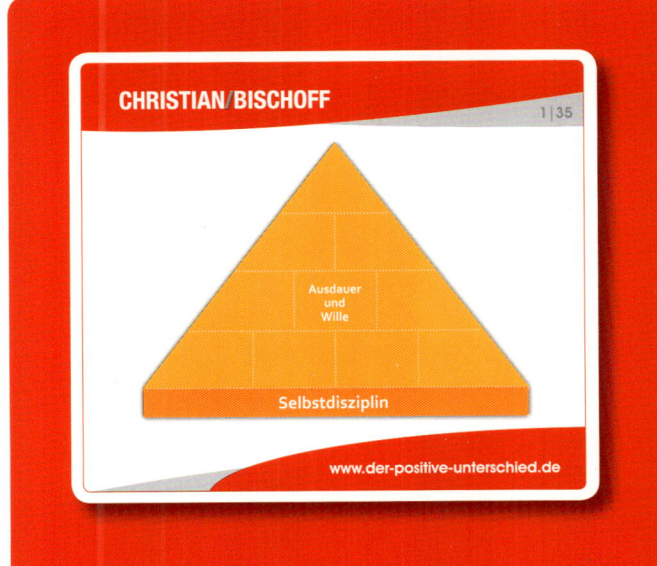

Jason hat den Job des Teammanagers vier Jahre lang mit voller Leidenschaft gemacht. Vor dem letzten Heimspiel im vierten Jahr, d. h. das letzte Heimspiel, bevor Jason mit seinem Abschluss die Schule verlassen hat, ist sein Trainer auf ihn zugegangen und hat zu ihm gesagt: «Jason, du hast vier Jahre lang alles für das Team gegeben. Heute Abend darfst du dir ein Trikot anziehen und dich mit auf die Spielerbank setzen. Aber ich weiß noch nicht, ob du spielen wirst, denn der Gegner ist sehr gut.» Jason hat gesagt: Danke. Hauptsache, ich bin einmal mit dabei.

Dann begann das große Spiel. Jason hat gespielt und zwar die letzten vier Minuten. Diese letzten vier Minuten hat er so gut gespielt, dass sich anschließend sein komplettes Leben verändert hat. Als sein Trainer Jason vier Minuten vor Schluss eingewechselt hat, ist er ganz unbekümmert aufs Feld gegangen hat, geworfen... und einen Schuss nach dem anderen getroffen. Wurf – Treffer. Wurf – Treffer. Wurf – Treffer. Als Höhepunkt hat er mit der Schluss-Sirene aus acht Metern Entfernung getroffen.

Kaum ertönte die Schluss-Sirene, sprinteten alle Zuschauer aufs Feld und trugen Jason auf Händen durch die Halle. Jason ließ sich feiern! Er war der große Star. In seinem ERSTEN und EINZIGEN Spiel für seine Highschool-Schulmannschaft war Jason in nur 4 Minuten und 19 Sekunden mit 20 Punkten der beste Werfer des Spiels. Doch das war nur der Anfang: Innerhalb weniger Tage war er in ganz Amerika und auf der ganzen Basketball-Welt berühmt. Seine Geschichte und die Aufzeichnungen des Spiels gingen um die ganze Welt. Ein paar Monate später empfing ihn der amerikanische Präsident George W. Bush.

Wenige Monate später hatte er Film-Angebote von 25 verschiedenen Firmen auf dem Tisch liegen, die seine Lebensgeschichte verfilmen möchten. Columbia Pictures hat die Filmrechte gekauft.
Jason hat sein Ziel erreicht, und ist damit sogar berühmt geworden. Warum? Weil er mit Ausdauer und Willen dran geblieben ist.
Vier Jahre lang hat ihm jeder gesagt: Kannst du nicht, schaffst du nicht, du bist nicht gut genug. Vier Jahre lang hat er sich von seinem Traum nicht abhalten lassen!

Wie lange bleibst du dran an deinen Zielen? Denke immer daran: Ausdauer und Wille sind entscheidend. Nicht aufgeben.
Das Video von Jason McElwain und seinem Spiel kannst du dir hier anschauen:
www.youtube.com > Jason McElwain

«Keine Angst vor Neuem»

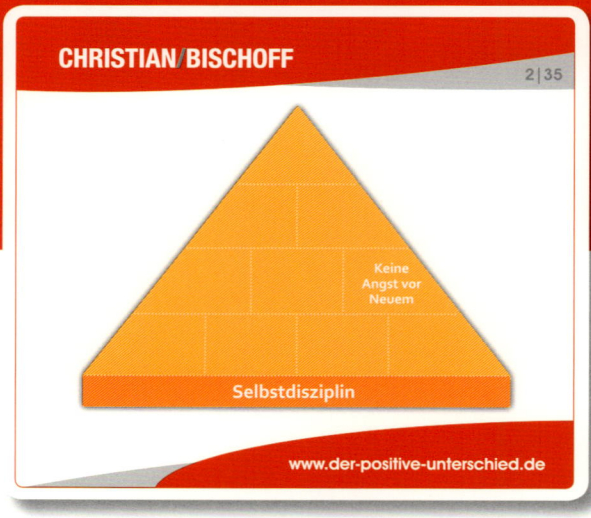

Warum erreichen die meisten Menschen ihre Ziele nicht? Weil sie Angst haben. Angst vor:

- Rückschlägen und Niederlagen
- Zurückweisung
- Dass andere sie nicht mögen
- Unbekanntem

Mach dir bewusst: Wer ein neues Ziel erreichen möchte, muss neue Dinge machen. Davor brauchst du keine Angst zu haben. Was ist denn Angst eigentlich?

Angst hast du nur aus einem von drei Gründen:

1. fehlendes Wissen
2. fehlende Erfahrung
3. schlechte Erfahrung

Fehlendes Wissen bedeutet: Du weißt noch nicht, wie es geht. Immer, wenn der menschliche Kopf nicht weiß, wie etwas geht, dann malt er sich meistens das schlimmstmögliche Szenario aus. Das erschafft dann natürlich Angst in dir. Aber wie oft tritt denn das schlimmstmögliche Szenario ein? Praktisch nie.

Ein Beispiel:
Ein Schüler, der noch nie ein Referat gehalten hat, hat allermeistens Angst davor. Er möchte kein 5-Minuten-Kurzreferat halten. Er weiß nicht, wie es geht. Wenn ihm ein Erwachsener erklärt, wie man solch ein Referat aufbaut, dann hilft das meistens schon.

Fehlende Erfahrung: das ist ähnlich wie fehlendes Wissen. Ein Schüler, der noch keine Referate vor einer Klasse gehalten hat, dem fehlt die Erfahrung.

Auch hier malt sich der Kopf dann meistens gleich das schlimmstmögliche Szenario aus, weil er ja keine Erfahrungswerte hat, auf die er sich stützen kann. Erfahrung kann man im Leben nur machen. **Das heißt, die einzige Möglichkeit, um gut zu werden, ist: es zu tun!** Der Schüler muss seine Angst überwinden und anfangen, Referate zu halten. Je mehr Erfahrung er hat, umso besser wird er.

Schlechte Erfahrung: Ein Referat lief nicht gut. Du hast ein schlechtes Gefühl und möchtest dieses Gefühl natürlich in Zukunft nicht mehr haben. Deswegen ist das Einfachste zu sagen: Referate halten kann ich nicht. Das Problem ist nur, dass du es nie lernen wirst. Damit wird deine Angst vor öffentlichem Reden immer größer. Diese Ängste können in höherem Alter mal sehr belastend werdend. Wenn du eine schlechte Erfahrung gemacht hast, geh folgendermaßen vor: **Frage dich, was kann ich nächstes Mal besser machen?** Schreib dir drei bis vier Punkte auf und dann setze sie im nächsten Referat um. Das machst du so oft und so lange, bis du dich mit Referaten gut fühlst.

Glaube mir, so habe ich auch angefangen. Diesen Schulvortrag habe ich mittlerweile wahrscheinlich schon tausendmal gehalten. Ganz am Anfang war er so schlecht, dass einige Schüler mittendrin aufgestanden und gegangen sind. Aber ich habe es immer und immer wieder gemacht, jedes Mal neu probiert. Korrekturen vorgenommen. So lange, bis er gut war.

Eine entscheidende Fähigkeit, um deine Ziele im Leben zu erreichen, ist die Fähigkeit, dass du neue Dinge ausprobierst, auch wenn du etwas Angst davor hast.

> «Eine entscheidende Fähigkeit, um deine Ziele im Leben zu erreichen, ist die Fähigkeit, dass du neue Dinge ausprobierst, auch wenn du etwas Angst davor hast!»

«Setz dir Prioritäten!»

Prioritäten setzen bedeutet:
Entscheide, was ist für dich wichtig und was ist nicht wichtig. Welche Ziele möchtest du voll verfolgen und welche nicht? Wir haben vorhin schon besprochen, dass du nicht tausend Dinge gleichzeitig machen kannst, sondern dass du dich auf ein, zwei, maximal drei Dinge fokussieren musst.

Stell es dir folgendermaßen vor: Jeder von euch hat jetzt seine drei großen Ziele definiert. Das sind diese drei Kieselsteine.

Nach dem Vortrag rennen viele Schüler voller Euphorie aus dem Raum und sagen: Jawoll, ich arbeite ab jetzt nur noch an meinen drei großen Zielen.

Nach der Schule

Dann antworte ich immer sofort: Stopp! Ganz so einfach ist das nicht. Weil wir haben doch alle auch noch einen Alltag. Das ist dieser Behälter.

Die kleinen roten Kügelchen in dem Behälter sind all die Dinge, die du jeden Tag tun musst oder die du jeden Tag gerne machst, weil sie angenehm und bequem sind.

Das ist zum Beispiel: Während der Schulzeit musst du vormittags in die Schule, dann kommst du nach Hause: Hausaufgaben. Dann spielst du gerne mit deinen Freunden, machst deine Hobbys, entspannst dich etwas. Und dann ist es auf einmal 21 Uhr und du erschrickst: Och, ich wollte doch eigentlich an meinen drei großen Zielen arbeiten.
Dann merkst du, du hast nicht mehr genug Zeit dafür, es ist schon zu spät... Und du sagst ganz locker: Egal, an meinen drei großen Zielen arbeite ich morgen... übermorgen... überübermorgen.

«Setze dich jeden Morgen eine Minute hin und frage dich: Was sind die drei wichtigsten Dinge, die ich heute tun kann, um meinen drei großen Zielen einen Schritt näher zu kommen?»

Morgen ist der einzige Tag, der im Leben vieler Menschen nie eintritt. Es gibt Menschen, die gehen in Rente bevor morgen kommt.

Vor kurzem war ich an einer Realschule. 800 Schüler. Nach dem Vortrag sitze ich mit der Schulleiterin in ihrem Direktorenzimmer, auf einmal wird die Tür aufgerissen. Ein Lehrer steht mit einem breiten Grinsen im Türrahmen und sagt zur Direktorin: Schau, was ich hier habe! Er hält einen großen DIN-A3-Zettel hoch und sagt zur Direktorin: Dieser Zettel hängt morgen früh in jedem Klassenzimmer unserer Schule. Die Schulleiterin liest den Text und nickt.

Am nächsten Morgen strömen 800 Schüler in ihre Klassenzimmer. Reißen die Tür auf. Über jeder Tafel hängt ein riesiger Zettel, auf dem steht:
Morgen keine Hausaufgaben!
Du kannst dir vorstellen, was für eine gute Stimmung den ganzen Tag an dieser Schule herrschte... Am nächsten Morgen strömen wieder 800 Schüler in ihre Klassenzimmer. Über der Tafel hängt immer noch der Zettel: Morgen keine Hausaufgaben! Innerhalb von 24 Stunden haben 800 Jugendliche verstanden, dass du die wichtigen Dinge im Leben nicht auf morgen verschieben darfst!

Was musst du machen, um nicht in diese «Morgen-Falle» zu tappen?
Schau mal, morgen früh direkt nach dem Aufstehen, wenn der Tag noch ganz frisch ist – es ist noch nichts an dem Tag passiert...

Setz dich eine Minute hin und frage dich: Was sind die drei wichtigsten Dinge, die ich heute tun kann, um meinen drei großen Zielen einen Schritt näher zu kommen? Diese drei Dinge machst du dann jeden Tag zuerst oder so schnell wie möglich.

Wenn du darin ein bisschen Übung hast, wirst du ganz schnell merken, dass du jeden Tag eigentlich noch genügend Zeit für all die Dinge hast, die dir Spaß machen und die angenehm und bequem sind, wie zum Beispiel deine Hobbys: Sport, Musik, Lesen, Computer spielen, sich mit Freunden treffen, was auch immer deine Hobbys sind... Mit dem einzigen Unterschied, dass diese Dinge auf einmal alle zeitlich in deinen Tag hineinpassen.

Deswegen setze dich jeden Morgen eine Minute hin und frage dich: Was sind die drei wichtigsten Dinge, die ich heute tun kann, um meinen drei großen Zielen einen Schritt näher zu kommen?

Brief an die Eltern ...

Liebe Mama,
lieber Papa,

seit ich im Internat bin, war ich, was das Briefeschreiben angeht, sehr nachlässig. Ich will Euch nun auf den neusten Stand bringen, aber bevor Ihr anfangt zu lesen, nehmt Euch bitte einen Stuhl. Ihr lest nicht weiter, bevor Ihr Euch gesetzt habt! Okay?

Also, es geht mir inzwischen wieder einigermaßen. Der Schädelbruch und die Gehirnerschütterung, die ich mir zugezogen hatte, als ich aus dem Fenster des Wohnheims gesprungen bin, nachdem dort kurz nach meiner Ankunft ein Feuer ausgebrochen war, sind ziemlich ausgeheilt. Ich war nur zwei Wochen im Krankenhaus und kann schon fast wieder normal sehen.

Glücklicherweise hat der Tankwart einer Tankstelle das Feuer im Wohnheim und meinen Sprung aus dem Fenster gesehen und die Feuerwehr und den Krankenwagen gerufen. Er hat mich auch im Krankenhaus besucht – und da das Wohnheim abgebrannt war, und ich nicht wusste, wo ich unterkommen sollte, hat er mir netterweise angeboten, bei ihm zu wohnen. Eigentlich ist es nur ein Zimmer im ersten Stock, aber es ist doch recht gemütlich.

Er ist ein sehr netter Junge, und wir lieben uns sehr und haben vor, zu heiraten. Wir wissen noch nicht genau, wann, aber es soll schnell gehen, damit man nicht sieht, dass ich schwanger bin. Ja, Mama und Papa, ich bin schwanger. Ich weiß, wie sehr Ihr Euch freut, bald Großeltern zu sein – und ich weiß, Ihr werdet das Baby gern haben und ihm die gleiche Liebe, Zuneigung und Fürsorge zukommen lassen, die Ihr mir als Kind gegeben habt.

Ich weiß, Ihr werdet meinen Freund mit offenen Armen in unsere Familie aufnehmen. Er ist nett, wenn auch schulisch nicht besonders gebildet. Auch wenn er eine andere Hautfarbe und Religion hat als wir, wird Euch das sicherlich nicht stören.

Jetzt, da ich Euch das Neuste mitgeteilt habe, möchte ich Euch sagen, dass es im Wohnheim nicht gebrannt hat, ich keine Gehirnerschütterung und keinen Schädelbruch hatte, nicht im Krankenhaus war, dass ich nicht schwanger bin, nicht verlobt, und auch keinen Freund habe.
Allerdings bekomme ich eine Sechs in Geschichte und eine Fünf in Mathe, und ich möchte, dass Ihr diese Noten in der richtigen Relation seht!

Eure Tochter Johanna

«Allerdings bekomme ich eine Sechs in Geschichte und eine Fünf in Mathe, und ich möchte, dass Ihr diese Noten in der richtigen Relation seht!»

Christian Bischoff ist ehemaliger Basketball-Profispieler und -Trainer. Der diplomierte Kaufmann arbeitet heute international als Mental- und Motivationstrainer, ist mehrfacher Buchautor und Coach vieler globaler Unternehmen.

Seine Lebens-Einstellung

«Ich weiß nicht, wo das **Limit** ist. Aber ich weiß, wo es **nicht** ist.»

Sein Motto

«**MAXIMIZE YOURSELF** – Du lebst nur einmal.» Lebe auch so und mach was draus.

Homepage
www.christian-bischoff.com

Das Schulevent
www.der-positive-unterschied.de

Das Jugendseminar
www.jugend-life-day.com

Facebook
www.facebook.com/bischoffch

Twitter
www.twitter.com/bischoffch

Ihr Kind soll die Chance auf ein *außergewöhnliches Leben* haben? Dann muss es bei diesem einzigartigen Event dabei sein!

DER JUGEND-LIFE-DAY

Nimm dein Leben in die Hand!

Ein einzigartiges Tages-Event für Jugendliche zwischen 10 und 18 Jahren. Die Teilnehmer lernen:

1. Das eigene Selbstvertrauen aufzubauen
2. Sich Ziele und Lebens-Visionen zu setzen
3. Den dafür notwendigen Charakter zu entwickeln
4. Teamarbeit: gemeinsam arbeiten, als Gruppe funktionieren
5. Erfolgreich mit Rückschlägen und Niederlagen umzugehen

Infos und Anmeldung unter:
www.jugend-life-day.com

Impressum

Verlag
Draksal Fachverlag GmbH
Postfach 10 04 51
D-04004 Leipzig
www.draksal-verlag.de
mail@draksal-verlag.de

Fotos: Anja Wechsler (Umschlag, S. 1–138, 141–147, 149–152, 154–164, 167–173, 175–177) und Christine Witthuhn (S. 139, 148, 153, 154, 166, 174)

Satz und Umschlag: Katja Krüger

Gesamtherstellung:
Draksal Fachverlag GmbH

Bibliografische Informationen der Deutschen Nationalbibliothek
Die Deutsche Nationalbibliothek verzeichnet diese Publikation in der Deutschen Nationalbibliografie. Detaillierte bibliografische Daten sind im Internet abrufbar: http://d-nb.info/1004204671

Bischoff, Christian (2010). *Das Lebens-Lernbuch. 11 Dinge, die auf keinem Lehrplan stehen.* Leipzig: Draksal Fachverlag. ISBN 978-3-86243-006-2.

Dieses Werk ist urheberrechtlich geschützt. Jede Verwertung außerhalb der engen Grenzen des Urheberrechtsgesetzes ist ohne schriftliche Genehmigung des Verlages unzulässig und strafbar. In einigen Fällen war es nicht möglich, für den Abdruck der Texte die Rechteinhaber zu ermitteln. Honoraransprüche der Autoren, Verlage und ihrer Rechtsnachfolger bleiben gewahrt. www.draksal-verlag.de

1. – 20. Tausend 2010
© 2010 Draksal Fachverlag GmbH, Leipzig

«Offen, direkt, ehrlich und authentisch – so gelingt es Christian Bischoff, ohne ‹pädagogischen Zeigefinger› den Schülerinnen und Schülern zu vermitteln, dass sie selbst für ihren Erfolg verantwortlich sind.»

Bernhard Buchhorn, Schulleiter,
Realschule Kösching

«Es gab Standing Ovations, was zeigt, wie sehr uns dein Vortrag gefallen hat.»

Caro, Schülerin am
Humboldt Gymnasium in Potsdam

«In meinen 25 Jahren als Schulleiter hatten wir nie eine Veranstaltung, die nachhaltig so viel bei Schülern und Lehrern zum Positiven verändert hat wie Ihre. Ich bewundere Sie, Herr Bischoff!»

Engelbert Cremer, Schulleiter,
Gymnasium St. Vith, Belgien

«Faszinierend, mitreißend, emotional, überzeugend, ja spektakulär – das ist Christian Bischoff. Am Ende eines zweistündigen Vortrages wollen ‹coole Jungs› mehr, stehen spontan auf, applaudieren begeistert. Kann man da falsch liegen? Bischoff ‹kommt an›, zielt und trifft – Motivation pur für Schüler, Lehrer und Eltern!»

Conny Zyprian-Sommereisen,
Regierungsschulrätin und Schulleiterin
der Staatlichen Realschule Aschaffenburg

Für Armin,
lebe für deinen
Traum!